CURSO PARA MESTRE DE AIKIDO

Moriteru Ueshiba

CURSO PARA MESTRE DE AIKIDO

O MELHOR DO AIKIDO 2

Tradução
PAULO PROENÇA

*Traduzido do japonês para o inglês
por* JOHN STEVENS

Supervisão e orientação do
PROF. WAGNER BULL, 6º Dan

EDITORA PENSAMENTO
São Paulo

Título original: *The Aikido Master Course — Best Aikido 2*.

Copyright © 2003 Moriteru Ueshiba e Kodansha International Ltd.

Publicado mediante acordo com a Kodansha International Ltd.

Foto da capa de Naoto Suzuki.

Todos os direitos reservados. Nenhuma parte deste livro pode ser reproduzida ou usada de qualquer forma ou por qualquer meio, eletrônico ou mecânico, inclusive fotocópias, gravações ou sistema de armazenamento em banco de dados, sem permissão por escrito, exceto nos casos de trechos curtos citados em resenhas críticas ou artigos de revistas.

A Editora Pensamento-Cultrix Ltda. não se responsabiliza por eventuais mudanças ocorridas nos endereços convencionais ou eletrônicos citados neste livro.

Técnicas *waza* são demonstradas pelo autor como *tori* e Takeshi Kanazawa, Yoshinobu Irie e Toshio Suzuki como *uke*.

Publicado originalmente em japonês como *Kihan Aikido: Oyohen* pelo Aikikai e Shuppan Geijutsu-sha em 2001.

Dados Internacionais de Catalogação na Publicação (CIP)
(Câmara Brasileira do Livro, SP, Brasil)

Ueshiba, Moriteru
  Curso para Mestre de Aikido : o melhor do Aikido 2 / Moriteru Ueshiba ; tradução Paulo Proença ; traduzido do japonês para o inglês por John Stevens ; supervisão e orientação do Prof. Wagner Bull, 6º Dan. — São Paulo : Pensamento, 2005.

  Título original: The Aikido Master Course : best Aikido 2
  Bibliografia.
  ISBN 85-315-1432-0

  1. Aikidô 2. Aikidô - Treinamento 3. Artes marciais I. Bull, Wagner. II. Título.

05-9411 CDD-796.8154

Índices para catálogo sistemático:
1. Aikidô : Esportes 796.8154

O primeiro número à esquerda indica a edição, ou reedição, desta obra. A primeira dezena à direita indica o ano em que esta edição, ou reedição, foi publicada.

Edição
1-2-3-4-5-6-7-8-9-10-11

Ano
06-07-08-09-10-11

Direitos de tradução para a língua portuguesa
adquiridos com exclusividade pela
EDITORA PENSAMENTO-CULTRIX LTDA.
Rua Dr. Mário Vicente, 368 — 04270-000 — São Paulo, SP
Fone: 6166-9000 — Fax: 6166-9008
E-mail: pensamento@cultrix.com.br
http://www.pensamento-cultrix.com.br
que se reserva a propriedade literária desta tradução.

Impresso em nossas oficinas gráficas.

Ushiro Ryo-Tekubi-dori Kokyu-nage

Katate-dori Koshi-nage (II)

Morote-dori Kokyu-nage(III)

Kata-dori Shomen-uchi Dai-ikkyo (omote)

Tanto-dori (shomen-uchi dai-gokyo) omote

Tanto-dori (dai-gokyo) omote

Ushiro Ryo-Tekubi-dori Juji-garami

SUMÁRIO

Apresentação da Edição Brasileira   15
Prefácio   17
   Técnicas de Aikido   17
   Aperfeiçoando o Nível de Treinamento   17
   Força da Respiração (*Kokyu-ryoku*)   18

CAPÍTULO UM
TÉCNICAS DE ARREMESSO   19

1. IRIMI-NAGE   20
   Morote-dori Irimi-nage (irimi)   20
   Morote-dori Irimi-nage (tenkan I)   22
   Morote-dori Irimi-nage (tenkan II)   22
   Kata-dori Shomen-uchi Irimi-nage   24
   Ushiro Ryokata-dori Irimi-nage   26
   Hanmi-hantachi Shomen-uchi Irimi-nage   28
   Hanmi-hantachi Yokomen-uchi Irimi-nage   28

2. SHIHO-NAGE   30
   Morote-dori Shiho-nage omote (I)   30
   Morote-dori Shiho-nage omote (II)   30
   Morote-dori Shiho-nage omote (III)   32
   Kata-dori Shomen-uchi Shiho-nage omote   32
   Ushiro Ryokata-dori Shiho-nage omote   34
   Hanmi-hantachi Ryote-dori Shiho-nage omote   34
   Hanmi-hantachi Ryote-dori Shiho-nage ura   36
   Hanmi-hantachi Yokomen-uchi Shiho-nage omote   36

3. KAITEN-NAGE   38
   Shomen-uchi Kaiten-nage   38
   Hanmi-hantachi Katate-dori Kaiten-nage (uchi-kaiten)   40
   Hanmi-hantachi Katate-dori Kaiten-nage (soto-kaiten)   40

4. AIKI-OTOSHI   42
   Mae Ryokata-dori Aiki-otoshi   42
   Ushiro Ryokata-dori Aiki-otoshi   42

5. KOSHI-NAGE   44
   Ryote-dori Koshi-nage (I)   44
   Ryote-dori Koshi-nage (II)   46
   Morote-dori Koshi-nage (I)   46
   Morote-dori Koshi-nage (II)   48
   Morote-dori Koshi-nage (III)   48
   Ushiro Ryo-Tekubi-dori Koshi-nage (I)   50
   Ushiro Ryo-Tekubi-dori Koshi-nage (II)   50
   Katate-dori Koshi-nage (I)   52
   Katate-dori Koshi-nage (II)   52

6. JUJI-GARAMI   54
   Morote-dori Juji-garami (I)   54
   Morote-dori Juji-garami (II)   56
   Ushiro Ryo-Tekubi-dori Juji-garami   58
   Kata-dori Shomen-uchi Juji-garami (I)   58
   Kata-dori Shomen-uchi Juji-garami (II)   60

7. KOKYU-NAGE   62
   Morote-dori Kokyu-nage (I)   62
   Morote-dori Kokyu-nage (II)   62
   Morote-dori Kokyu-nage (III)   64
   Morote-dori Kokyu-nage (IV)   64
   Ryote-dori Kokyu-nage (I)   66
   Ryote-dori Kokyu-nage (II)   66
   Ryote-dori Kokyu-nage (III)   68
   Ushiro Ryo-Tekubi-dori Kokyu-nage   68
   Katate-dori Kokyu-nage (uchi-kaiten)   70
   Katate-dori Kokyu-nage (soto-kaiten)   70
   Kata-dori Shomen-uchi Kokyu-nage (I)   72
   Kata-dori Shomen-uchi Kokyu-nage (II)   72

DA TÉCNICA BÁSICA PARA A TÉCNICA AVANÇADA E PARA AS VARIAÇÕES   74

CAPÍTULO DOIS
COMBINAÇÃO DE TÉCNICAS DE ARREMESSO COM IMOBILIZAÇÕES   75

1. KOTE-GAESHI   76
   Yokomen-uchi Kote-gaeshi (I)   76
   Yokomen-uchi Kote-gaeshi (II)   78
   Morote-dori Kote-gaeshi   78
   Kata-dori Shomen-uchi Kote-gaeshi   80
   Ushiro Kubijime Kote-gaeshi   82

Hanmi-hantachi Shomen-uchi Kote-gaeshi 84
Hanmi-hantachi Yokomen-uchi Kote-gaeshi 84

DA TÉCNICA BÁSICA PARA A TÉCNICA
AVANÇADA E PARA AS VARIAÇÕES 86

CAPÍTULO TRÊS
TÉCNICAS DE IMOBILIZAÇÕES 87

1. DAI-IKKYO 88
   Yokomen-uchi Dai-ikkyo (irimi) omote 88
   Yokomen-uchi Dai-ikkyo (irimi) ura 88
   Yokomen-uchi Dai-ikkyo (tenshin) omote 90
   Yokomen-uchi Dai-ikkyo (tenshin) ura 90
   Morote-dori Dai-ikkyo (irimi) omote 92
   Morote-dori Dai-ikkyo (irimi) ura 92
   Kata-dori Shomen-uchi Dai-ikkyo (irimi) omote 94
   Kata-dori Shomen-uchi Dai-ikkyo (irimi) ura 94
   Kata-dori Shomen-uchi Dai-ikkyo (tenkan) omote 96
   Kata-dori Shomen-uchi Dai-ikkyo (tenkan) ura 96
   Ushiro Ryokata-dori Dai-ikkyo omote 98
   Ushiro Ryokata-dori Dai-ikkyo ura 98
   Ushiro Eri-dori Dai-ikkyo omote 100
   Ushiro Eri-dori Dai-ikkyo ura 100
   Hanmi-hantachi Shomen-uchi Dai-ikkyo omote 102
   Hanmi-hantachi Shomen-uchi Dai-ikkyo ura 102

2. DAI-NIKYO 104
   Yokomen-uchi Dai-nikyo (irimi) omote 104
   Yokomen-uchi Dai-nikyo (irimi) ura 104
   Yokomen-uchi Dai-nikyo (tenshin) omote 106
   Yokomen-uchi Dai-nikyo (tenshin) ura 106
   Morote-dori Dai-nikyo (irimi) omote 108
   Morote-dori Dai-nikyo (irimi) ura 108
   Morote-dori Dai-nikyo (tenkan) omote 110
   Morote-dori Dai-nikyo (tenkan) ura 110
   Kata-dori Shomen-uchi Dai-nikyo (irimi) omote 112
   Kata-dori Shomen-uchi Dai-nikyo (irimi) ura 112
   Kata-dori Shomen-uchi Dai-nikyo (tenkan) omote 114
   Kata-dori Shomen-uchi Dai-nikyo (tenkan) ura 114
   Ushiro Ryokata-dori Dai-nikyo omote 116
   Ushiro Ryokata-dori Dai-nikyo ura 116
   Muna-dori Dai-nikyo omote 118
   Muna-dori Dai-nikyo ura 118
   Hanmi-hantachi Shomen-uchi Dai-nikyo omote 120
   Hanmi-hantachi Shomen-uchi Dai-nikyo ura 120

3. DAI-SANKYO 122
   Yokomen-uchi Dai-sankyo (irimi) omote 122
   Yokomen-uchi Dai-sankyo (irimi) ura 122
   Yokomen-uchi Dai-sankyo (tenshin) omote 124
   Yokomen-uchi Dai-sankyo (tenshin) ura 124
   Morote-dori Dai-sankyo (irimi) omote 126
   Morote-dori Dai-sankyo (irimi) ura 126
   Morote-dori Dai-sankyo (tenkan) omote 128
   Morote-dori Dai-sankyo (tenkan) ura 128
   Kata-dori Shomen-uchi Dai-sankyo (irimi) omote 130
   Kata-dori Shomen-uchi Dai-sankyo (irimi) ura 130
   Kata-dori Shomen-uchi Dai-sankyo (tenkan) omote 132
   Kata-dori Shomen-uchi Dai-sankyo (tenkan) ura 134
   Ushiro Ryokata-dori Dai-sankyo omote 136
   Ushiro Ryokata-dori Dai-sankyo ura 136
   Ushiro Kubijime Dai-sankyo omote 138
   Ushiro Kubijime Dai-sankyo ura 138
   Ushiro Ryohiji-dori Dai-sankyo omote 140
   Ushiro Ryohiji-dori Dai-sankyo ura 140
   Hanmi-hantachi Shomen-uchi Dai-sankyo omote 142
   Hanmi-hantachi Shomen-uchi Dai-sankyo ura 142

4. DAI-YONKYO 144
   Yokomen-uchi Dai-yonkyo (irimi) omote 144
   Yokomen-uchi Dai-yonkyo (irimi) ura 144

Yokomen-uchi Dai-yonkyo (tenshin) omote 146
Yokomen-uchi Dai-yonkyo (tenshin) ura 146
Morote-dori Dai-yonkyo (irimi) omote 148
Morote-dori Dai-yonkyo (irimi) ura 148
Morote-dori Dai-yonkyo (tenshin) omote 150
Morote-dori Dai-yonkyo (tenshin) ura 150
Kata-dori Shomen-uchi Dai-yonkyo (irimi) omote 152
Kata-dori Shomen-uchi Dai-yonkyo (irimi) ura 152
Kata-dori Shomen-uchi Dai-yonkyo (tenkan) omote 154
Kata-dori Shomen-uchi Dai-yonkyo (tenkan) ura 154
Ushiro Ryokata-dori Dai-yonkyo omote 156
Ushiro Ryokata-dori Dai-yonkyo ura 156
Ushiro Kubijime Dai-yonkyo omote 158
Ushiro Kubijime Dai-yonkyo ura 158
Hanmi-hantachi Shomen-uchi Dai-yonkyo omote 160
Hanmi-hantachi Shomen-uchi Dai-yonkyo ura 160

5. HIJI-GIME 162
Shomen-uchi Hiji-gime 162
Yokomen-uchi Hiji-gime 162
Katate-dori Hiji-gime 164
Ushiro Eri-dori Hiji-gime 164

DA TÉCNICA BÁSICA PARA A TÉCNICA AVANÇADA E PARA AS VARIAÇÕES 166

CAPÍTULO QUATRO
DESARMAMENTOS 167

1. TANTO-DORI 168
Tanto-dori (zagi shomen-uchi dai-gokyo) omote 168
Tanto-dori (zagi shomen-uchi dai-gokyo) ura 168
Tanto-dori (yokomen-uchi dai-gokyo) omote 170
Tanto-dori (yokomen-uchi dai-gokyo) ura 172
Tanto-dori (yokomen-uchi shiho-nage) 174
Tanto-dori (tsuki ude-nobashi) 176
Tanto-dori (tsuki kote-gaeshi) 178
Tanto-dori (tsuki hiji-gime) 180

2. JO-DORI 182
Jo-dori (irimi-nage) 182
Jo-dori (shiho-nage) 184
Jo-dori (kote-gaeshi) 184
Jo-dori (juji-garami) 186
Jo-dori (hiji-gime) 186

3. TACHI-DORI 188
Tachi-dori (irimi-nage) 188
Tachi-dori (shiho-nage) 188
Tachi-dori (kote-gaeshi) 190
Tachi-dori (hiji-gime) 190
Tachi-dori Kokyu-nage (I) 192
Tachi-dori Kokyu-nage (II) 192

DA TÉCNICA BÁSICA PARA A TÉCNICA AVANÇADA E PARA AS VARIAÇÕES 194

CAPÍTULO CINCO
MÚLTIPLOS ATACANTES 195

1. FUTARI-DORI 196
Futari-dori (kokyu-ho) 196
Futari-dori (shiho-nage) 198
Futari-dori (dai-nikyo) 200
Futari-dori Kokyu-nage 200

A ORIGEM E O DESENVOLVIMENTO DO AIKIDO 202
Treinamento liderado pelos Três Doshu do Aikido 202
A Vida de Morihei Ueshiba, Fundador do Aikido 203
A Organização e o Desenvolvimento do Aikido 205

APRESENTAÇÃO DA EDIÇÃO BRASILEIRA

O Aikido encontra-se agora na terceira geração. O Fundador Morihei Ueshiba, após seu falecimento, teve como sucessor seu filho Kisshomaru Ueshiba e este teve a felicidade de ver também o seu filho Moriteru, autor deste livro, como seu herdeiro, o terceiro Doshu, a autoridade mundial sobre essa arte.

Esta obra tem importância fundamental para o praticante de Aikido por duas razões: a primeira, porque as técnicas descritas neste livro descrevem a forma que o líder mundial do Aikido procurará manter para a execução das técnicas como tendência para o futuro, sendo portanto o que existe de mais moderno e atualizado nesse sentido. Em segundo lugar, porque Moriteru Ueshiba desde sua infância conviveu com os maiores mestres e praticantes dessa arte, absorvendo o que se produziu de mais notável neste Caminho, levando-se em conta que morava na mesma rua onde se localizava a sede Mundial Internacional do Aikido, então dirigida por seu pai. A leitura desta obra é, portanto, obrigatória para todos que se dedicam ao ensino e prática do Aikido e que entendem a língua portuguesa. A Editora Pensamento–Cultrix mais uma vez dá sua contribuição ao desenvolvimento desta filosofia de vida, arte e sistema de defesa pessoal notável publicando esta obra, que vem completar os dois outros livros que já colocou à disposição do público escritos pelo Fundador e seu filho, sob os títulos: *Budo*, e *O Espírito do Aikido* e que podem também ser adquiridos pelo leitor interessado.

O Aikido no Brasil atualmente está muito desenvolvido, e pode ser praticado com segurança em muitos locais devidamente reconhecidos pela Central Mundial Japonesa, o Aikikai Hombu Dojo, que fica em Tóquio, no Japão. A Confederação Brasileira de Aikido–Brazil Aikikai (www.aikikai.org.br) vem fazendo grande esforço no sentido de estimular a prática do Aikido no Brasil, juntamente com outras entidades reconhecidas, para que o Aikido brasileiro mantenha um padrão técnico internacional. Muitos mestres famosos e importantes foram e continuam sendo convidados para ministrar seminários no Brasil, livros estrangeiros foram traduzidos e atualmente existem muitas obras importantes publicadas em português para o deleite dos aikidoístas brasileiros, graças a essas iniciativas. A sede nacional da Confederação fica na Rua Mauro, 331, São Paulo – SP, CEP 04055-040 – Fone (11) 5581-6241.

Como supervisor desta tradução, professor e praticante do Aikido há mais de 35 anos, não tenho dúvidas em afirmar que este livro deve ser lido, estudado e compreendido por todos aqueles que querem conhecer o Aikido moderno na forma em que o divulga sua autoridade máxima.

Wagner Bull – Mestre de Aikido 6º Dan, fundador do Instituto Takemussu
e presidente da Confederação Brasileira de Aikido

O autor e atual Doshu Moriteru Ueshiba (à direita) com seu pai e Segundo Doshu, o falecido Kisshomaru Ueshiba.

PREFÁCIO

Técnicas de Aikido

O Fundador do Aikido, Morihei Ueshiba, disse aos seus alunos, "As técnicas de Aikido têm aplicações ilimitadas". As técnicas de Aikido são baseadas nos movimentos fundamentais de avançar (*irimi*) e girar (*tenkan*) em conjunto com a aplicação da força da respiração e métodos de sincronização (*kokyuho*) em resposta a uma variedade de ataques; também, como cada um dos praticantes possui características diferentes de estrutura muscular e personalidade, as técnicas têm incontáveis variações. Entretanto, no Aikido, é impossível dar instruções dizendo que "tal técnica deve ser executada exatamente desta forma".

No entanto, devido ao rápido desenvolvimento do Aikido no período pós-guerra – ele é atualmente praticado por mais de um milhão e meio de pessoas, mulheres e homens, jovens e velhos, em países do mundo todo – o Segundo Doshu Kisshomaru Ueshiba achou que seria apropriada a compilação de um manual para estabelecer algumas regras fundamentais para a prática correta da arte. Esse primeiro livro foi intitulado: *O Melhor do Aikido: Os Fundamentos*.

Nesse livro, os princípios de avançar, girar, da força da respiração e sincronização foram elucidados, e a aplicação desses princípios dentro das técnicas foi demonstrada. Em concordância com os desejos do segundo Doshu, este novo livro trabalha com técnicas avançadas, mas não deve ser considerado um manual ilustrativo para técnicas de nível avançado para ser utilizado separadamente dos fundamentos.

Todas as técnicas no *Curso para Mestres de Aikido: O Melhor do Aikido 2* são baseadas na compreensão dos princípios ensinados em *Os Fundamentos*, mas aplicados de maneira mais ampla, contra uma variedade de ataques com e sem armas, e com mais de um atacante. É essencial não focalizar uma só técnica, mas compreender a relação entre o movimento corporal e a força da respiração presentes em todas as técnicas. Se este livro servir a esse propósito, ajudará a promover a visão do "Melhor do Aikido" do segundo Doshu Kisshomaru.

O tema deste volume é a "variação", e existem provavelmente mais técnicas mostradas aqui, do que em qualquer outro livro de Aikido anteriormente editado. Além disso, muitos diferentes tipos de imobilização são ilustrados nas formas de *omote* e *ura*, o que facilita o estudo das técnicas de Aikido de maneira muito mais ampla e variada.

Aperfeiçoando o Nível de Treinamento

No papel de instrutor, freqüentemente me deparo com o fato de que aqueles que têm maior dificuldade para executar uma técnica são aqueles a quem falta a prática dos fundamentos básicos de avançar, girar e da força da respiração. Eles até podem conseguir fazer os movimentos bem quando praticam sozinhos, mas assim que têm que trabalhar com um parceiro, seus movimentos se tornam incompletos e inadequados.

É muito difícil de entender corretamente a natureza das técnicas e o relacionamento entre o movimento corporal e a técnica pela simples observação da demonstração de um instrutor. Freqüentemente, o foco não está na suave fluência do corpo todo, mas somente no movimento das mãos e pés. Com o propósito de revisar, recomendo que praticantes de Aikido consultem este livro após cada treino, observem os exemplos de cada técnica que executaram naquele dia, e investiguem a conexão entre os movimentos corporais e as técnicas. Com uma perspectiva mais clara e uma melhor compreensão dos fundamentos, voltem ao treinamento e observem o exemplo de seu instrutor. Essa abordagem irá melhorar seu nível de treinamento, e a repetição constante os levará a um aperfeiçoamento maior.

Força da Respiração (Kokyu-ryoku)

O âmago das técnicas de Aikido é a força da respiração, isto é, a força natural que cada ser humano possui. Freqüentemente, quando o termo "força da respiração" é usado, as pessoas evocam a imagem de uma força estranha, sobrenatural; mas, na verdade, a força da respiração é a fonte natural de todo movimento humano – normalmente, ninguém pensaria que andar é uma coisa difícil ou um feito sobrenatural. Sem esforço consciente, nosso corpo se move da maneira mais natural e eficiente. Todos nós demonstramos a força da respiração em nossos afazeres do dia-a-dia.

Por outro lado, analise este exemplo: quando você bebe chá, se seus ombros e cotovelos estiverem contraídos e você segurar a xícara com muita força, se torna mais difícil tomar o chá corretamente. O mesmo acontece com as técnicas de Aikido – muita força que não seja natural faz com que as técnicas se tornem ineficientes. Quando a xícara é segurada levemente, no entanto, e os movimentos dos braços são naturais, é muito mais fácil beber chá. E isso, é claro, acontece da mesma forma nas técnicas de Aikido.

Para ilustrar isso mais profundamente: quando você está treinando, você desenvolve uma ansiedade enorme de arremessar seu parceiro. Quando esse pensamento agressivo aparece, você começa a forçar a técnica, e até os movimentos mais simples se tornam mais difíceis. Essa é a hora em que você deveria voltar aos fundamentos – concentrar-se na suavidade, nos movimentos naturais e na aplicação da força da respiração e da sincronização correta. Faça isso repetidamente. Em vez de explicarmos como utilizar a força da respiração, o treinamento mais eficiente é deixar que a força da respiração se manifeste naturalmente, com movimentos corporais fluidos e leves.

É claro, alguns ajustes sempre terão de ser feitos de acordo com a cronometragem, a velocidade e o intervalo do ataque mas, mais uma vez, não devem existir movimentos que não sejam naturais na reação. No Aikido, o treinamento não consiste de movimentos onde somente um dos lados aplica força, existe uma união mútua dos componentes, ataque e resposta, que é desejada. Enquanto você pensa em si mesmo, também respeita seu oponente, e dessa forma a cooperação mútua é estimulada. O Fundador do Aikido sempre descrevia o Aikido como "O Caminho do Amor e Proteção de Todas as Coisas"; esse é o espírito que orienta o Aikido e o espírito com o qual todos devemos treinar.

O treino de Aikido com esse espírito nos dá prazer e felicidade. Quando eu comecei a treinar, existiam muitas técnicas em que eu não conseguia me sair bem. Mesmo assim, eu continuei com perseverança, moldei meu corpo e espírito, e consegui progredir. Aprendi a me unir ao meu parceiro, física e mentalmente. Quanto mais eu progredia, mais felicidade eu sentia. Eu esperava ansiosamente pelo próximo treino, e me recordava mais e mais. Tenho certeza de que muitos de meus amigos praticantes tiveram essa mesma experiência positiva.

Cada dia de treino é um pouco melhor do que o anterior, e o dia seguinte será ainda melhor. Essa atitude brilhante e positiva com certeza irá afetar a sociedade como um todo. O treinamento do Aikido deve ser praticado em cada dia de nossa vida, na nossa rotina do dia-a-dia. Esse é o apelo do Aikido em todo o mundo, e a razão pela qual é chamado de "O Budo do Século 21".

Doshu do Aikido Moriteru Ueshiba

CAPÍTULO UM

Técnicas de Arremesso

1. IRIMI-NAGE

Morote-dori Irimi-nage (irimi)

(**Nota:** "*Uke*" é o "atacante", "*tori*" é o "defensor". Durante o treinamento, as técnicas são sempre praticadas de ambos os lados, assim, as direções seriam reversas para os ataques de direção oposta.)

①-② Quando o *uke* tenta agarrar o pulso direito do *tori* com ambas as mãos, o *tori* levanta seu *tegataná** direito.

③-⑤ O *tori* entra no lado direito do *uke* com o pé esquerdo, gira sobre esse pé, e faz o *uke* rodar, com um movimento amplo.

⑥-⑧ O *tori* entra com o pé direito atrás do *uke* e corta para baixo finalizando o arremesso.

* *Tegataná* — é a parte inferior lateral da mão, usada como se fosse uma espada.

Nota: As fotos ② e ③ ilustram como levar para cima o *tegataná* e entrar atrás do *uke*, como se estivesse olhando para suas costas. Ao executar movimentos de *irimi* e *tenkan*, certifique-se de que mantém seu parceiro movendo-se fluentemente em conjunto com os movimentos do *tegataná*.

Morote-dori Irimi-nage (tenkan I)

①-③ Assim que o *uke* tentar segurar o pulso direito do *tori* com ambas as mãos, o *tori* avança para o lado esquerdo do *uke* e gira com um movimento amplo com seu *tegataná* direito.

④-⑤ Enquanto anda para trás com seu pé direito, o *tori* corta para baixo com seu *tegataná* direito e conduz o *uke* para a frente; o *tori* então anda para trás do lado direito do *uke* e controla sua nuca com a mão esquerda.

⑥-⑧ O *tori* gira sobre o pé esquerdo, levanta seu *tegataná* direito para cima, entra atrás do *uke* e corta para baixo para completar o arremesso.

Morote-dori Irimi-nage (tenkan II)

①-④ Assim que o *uke* tenta agarrar o pulso direito do *tori* com ambas as mãos, o *tori* avança para o lado esquerdo do *uke* e ao mesmo tempo gira e levanta seu *tegataná* direito, com um movimento amplo.

⑤ Andando para trás com o pé direito, o *tori* corta para baixo com seu *tegataná* direito enquanto conduz o *uke* e controla sua nuca com a mão esquerda.

⑥-⑦ Enquanto gira sobre o pé direito, o *tori* levanta seu *tegataná* direito, dá um passo à frente com o pé direito e corta para baixo para finalizar o arremesso.

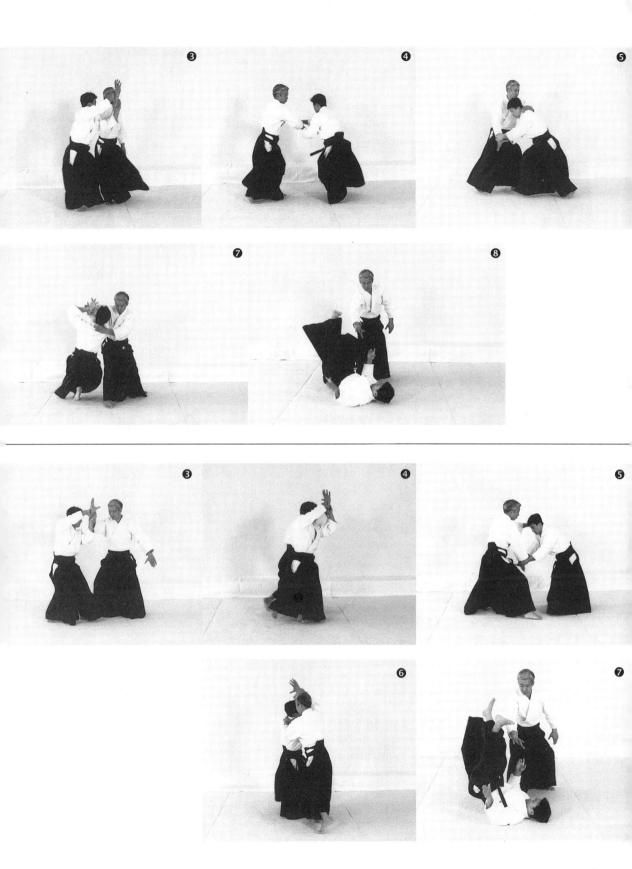

23

Kata-dori Shomen-uchi Irimi-nage

①-③ Quando o *uke* avança para segurar o ombro direito do *tori* com a mão esquerda e ataca com *shomen* com a mão direita, o *tori* aplica um *atemi* com seu *tegataná* direito para neutralizar o ataque. O *uke* bloqueia o golpe com seu *tegataná* direito.

④-⑤ O *tori* avança para o lado esquerdo do *uke* e gira sobre o pé direito enquanto corta para baixo com seu *tegataná* direito, levando o *uke* para a frente.

⑥ O *tori* avança com o pé esquerdo para o lado direito do *uke* e controla a nuca do *uke* com a mão esquerda.

⑦-⑩ Enquanto gira sobre o pé esquerdo, o *tori* corta para baixo com seu *tegataná* direito e depois para cima; em seguida, o *tori* avança com o pé direito para completar o arremesso.

Ushiro Ryokata-dori Irimi-nage

①-④ O *uke* se move, corta de frente o *tegataná* direito do *tori* com seu *tegataná* direito e agarra os ombros do *tori* por trás.

⑤-⑥ O *tori* vai para trás com o pé esquerdo e gira os quadris, colocando o braço direito entre os braços do *uke* e levando-o para cima; o *tori* então levanta ambos os braços em movimento amplo.

⑦-⑧ O *tori* avança para trás do *uke* com um giro completo dos quadris e corta para baixo com seu *tegataná* direito e esquerdo finalizando o arremesso.

Nota: As fotos ⑤ e ⑥ ilustram como mover os quadris e braços num só movimento. Os joelhos e quadris também devem ser utilizados para romper o equilíbrio de seu parceiro. A foto 8 ilustra como se deve fazer para alinhar o parceiro ao seu corpo.

Hanmi-hantachi Shomen-uchi Irimi-nage

①-③ Quando o *uke* avança para atacar com *shomen* com seu *tegataná* direito, o *tori* avança com o joelho esquerdo.

④ O *tori* gira sobre o joelho esquerdo e leva o *uke* para baixo.

⑤-⑥ O *tori* então corta para baixo com seu *tegataná* direito para finalizar o movimento.

Hanmi-hantachi Yokomen-uchi Irimi-nage

①-③ Quando o *uke* avança para atacar com *yokomen* com seu *tegataná* direito, o *tori* avança com seu joelho direito e aplica um *atemi* com a mão direita enquanto gira executando um *yokomen*.

⑤-⑥ O *tori* avança com o joelho esquerdo à direita do *uke* e gira.

⑦-⑧ O *tori* corta para baixo com seu *tegataná* direito para finalizar o arremesso.

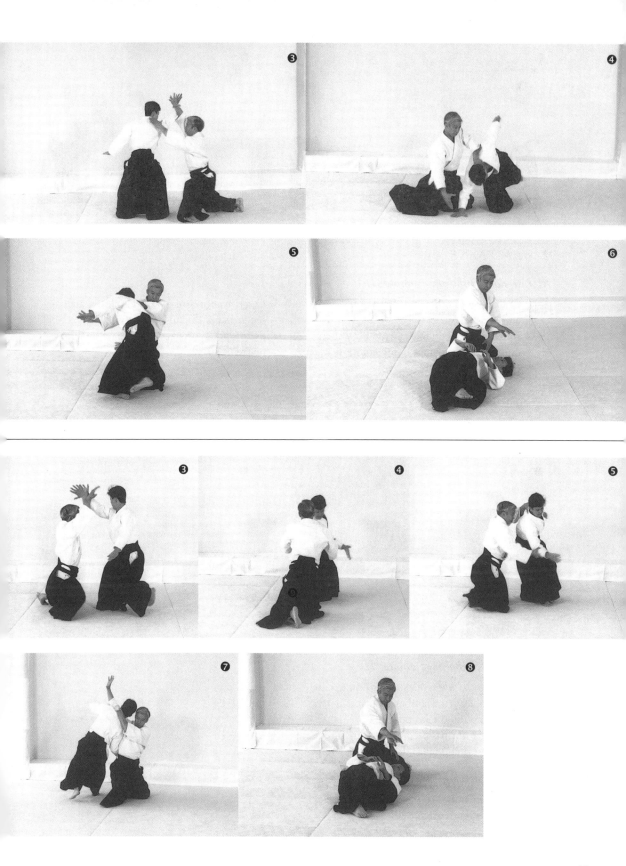

2. SHIHO-NAGE

Morote-dori Shiho-nage omote (I)

①-② O *uke* segura o braço direito do *tori* com ambas as mãos.

③ O *tori* segura o pulso esquerdo do *uke*, enquanto avança para a frente com a perna esquerda.

④-⑥ O *tori* avança com o pé direito levantando seu *tegataná* direito para cima, gira sobre os dois pés e corta para baixo para finalizar o arremesso.

Morote-dori Shiho-nage omote (II)

①-② Assim que o *uke* tenta segurar o braço direito do *tori* com ambas as mãos, o *tori* agarra o pulso direito do *uke*.

③-④ O *tori* dá um passo com o pé direito enquanto segura o pulso do *uke* e gira fazendo o *uke* rodar.

⑤-⑦ O *tori* avança com o pé esquerdo, gira em pivô com ambos os pés e corta para baixo para finalizar o arremesso.

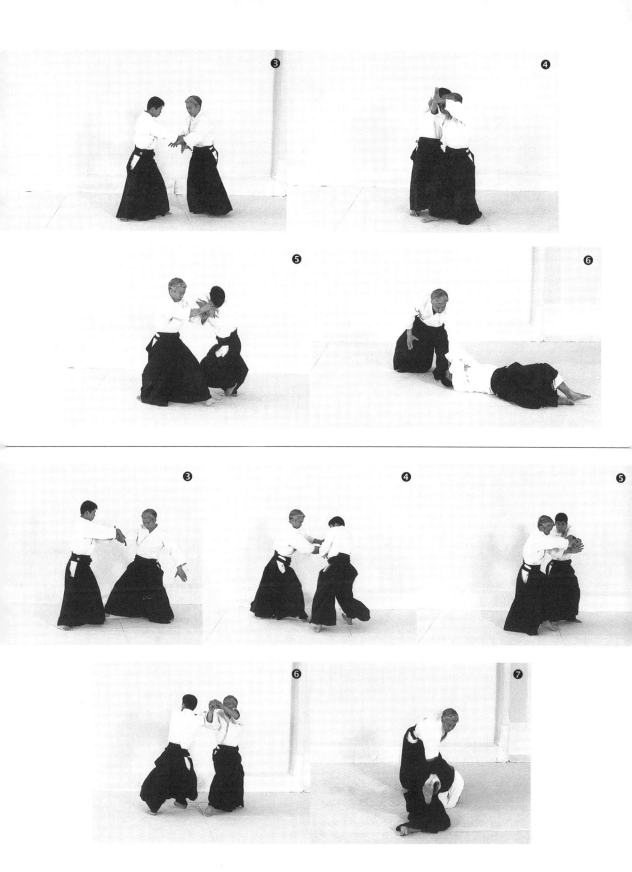

31

Morote-dori Shiho-nage omote (III)

①-④ Quando o *uke* tenta segurar o braço direito do *tori* com ambas as mãos, o *tori* avança com um passo largo com o pé esquerdo e gira fazendo o *uke* rodar com seu *tegataná* direito, e em seguida corta para baixo.

⑤-⑦ O *tori* segura o pulso esquerdo do *uke*, dá um passo largo com o pé direito, gira com os dois pés e corta para baixo para finalizar o arremesso.

Kata-dori Shomen-uchi Shiho-nage omote

①-③ Quando o *uke* vem para agarrar o ombro do *tori* com a mão esquerda, o *tori* desliza levemente para a frente com o pé direito, aplicando ao mesmo tempo um *atemi* com seu *tegataná* direito. O *uke* bloqueia o golpe com seu *tegataná* direito.

④-⑦ O *tori* gira com pivô sobre o pé direito, fazendo o *uke* rodar enquanto agarra o braço direito do *uke* e em seguida abaixa seus quadris; o *tori* dá um passo largo com o pé esquerdo, por debaixo dos braços do *uke*, gira com ambos os pés e corta para baixo para finalizar o arremesso.

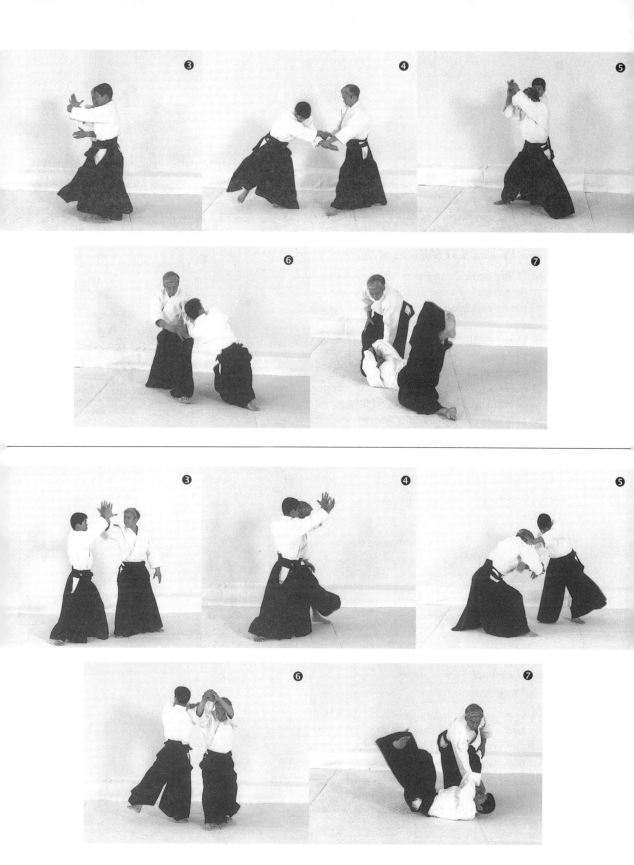

Ushiro Ryokata-dori Shiho-nage omote

①-② O *uke* avança, corta para baixo no braço do *tori* com seu *tegataná* direito e se movimenta para agarrar os ombros do *tori* por trás.

③-⑧ O *tori* levanta ambas as mãos, dá um passo à frente com o pé esquerdo e abaixa os quadris. O *tori* então aplica a técnica de *shiho-nage* no braço esquerdo do *uke*, avança com o pé direito, gira com ambos os pés e corta para baixo para finalizar o arremesso.

Hanmi-hantachi Ryote-dori Shiho-nage omote

①-③ Quando o *uke* segura ambos os pulsos do *tori*, o *tori* avança para a frente com o pé direito e ao mesmo tempo levanta seu *tegataná* direito, segurando o pulso esquerdo do *uke* com a mão esquerda.

④-⑥ O *tori* se levanta, gira com ambos os pés e corta para baixo finalizando o arremesso.

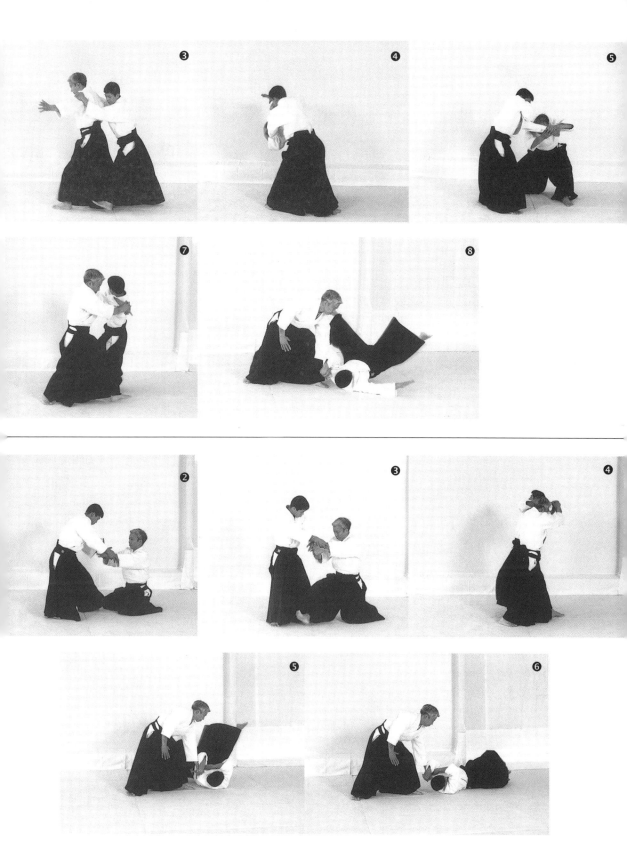

Hanmi-hantachi Ryote-dori
Shiho-nage ura

①-② O *uke* segura ambos os pulsos do *tori*.
③-⑦ O *tori* avança no lado direito do *uke* com o pé esquerdo, segura o pulso direito do *uke*, levanta-se, gira com ambos os pés e corta para baixo finalizando o arremesso.

Hanmi-hantachi Yokomen-uchi
Shiho-nage omote

①-③ Quando o *uke* avança para golpear com *yokomen* com seu *tegataná* direito, o *tori* avança para dentro com o joelho direito, num movimento de *yokomen*, fazendo o *uke* rodar.
④-⑥ O *tori* dá um passo largo com o joelho esquerdo, gira e corta para baixo para finalizar o arremesso.

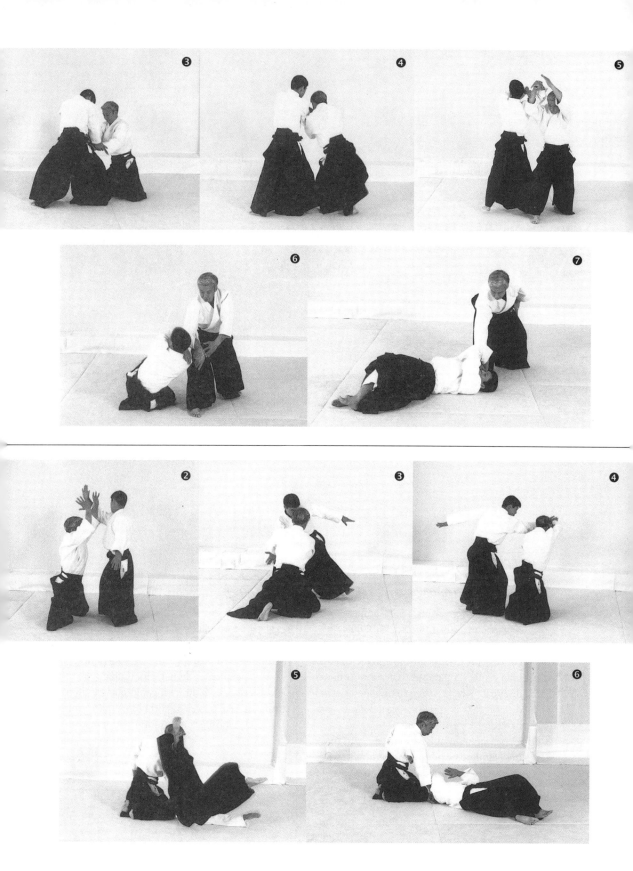

37

3. KAITEN-NAGE

Shomen-uchi Kaiten-nage

①-③ Quando o *uke* avança para golpear com *shomen* com seu *tegataná* direito, o *tori* desvia-se avançando com o pé esquerdo, entra ao lado direito do *uke*, gira e usa sua mão esquerda para deslizar sobre o braço direito do *uke*. O *tori* então usa seu *tegataná* direito para cortar a cabeça do *uke* para baixo.

④-⑥ O *tori* segura o pulso direito do *uke* com a mão esquerda e ao mesmo tempo pressiona a parte inferior da cabeça do *uke*, com sua mão direita; o *tori* então dá um passo largo à frente com a perna esquerda e arremessa o *uke* para a frente num movimento de torção.

NOTA: As fotos ② e ③ ilustram como avançar para a lateral de seu parceiro e a sincronia para cortar para baixo em seu braço. Nesse instante é importante utilizar a força do ataque suavemente, de maneira fluida.

As fotos ③ e ④ ilustram como quebrar a postura de seu parceiro, cortando a parte inferior de sua cabeça e puxando seu braço.

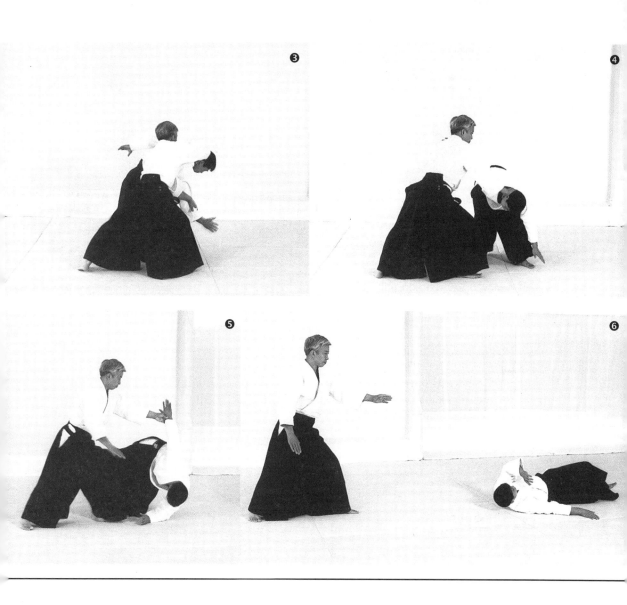

Fotos ② a ④ mostradas de um ângulo diferente.

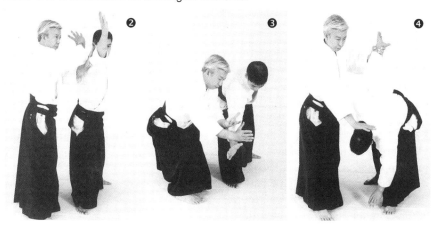

Hanmi-hantachi Katate-dori Kaiten-nage (uchi-kaiten)

① - ③ Quando o *uke* segura o pulso direito do *tori* com a mão esquerda, o *tori* desliza para a frente com o joelho direito enquanto aplica um *atemi* com sua mão esquerda e levanta seu *tegataná* direito.

④ O *tori* avança para a frente com o joelho esquerdo e depois volta com o joelho direito enquanto corta para baixo com seu *tegataná* direito e pressiona para baixo a parte inferior da cabeça do *uke* com a mão esquerda.

⑤ - ⑥ O *tori* segura o pulso esquerdo do *uke* com a mão direita, pressiona para baixo a cabeça do *uke* com a mão esquerda enquanto dá um passo largo à frente com o joelho direito e arremessa o *uke* para a frente com um movimento de torção.

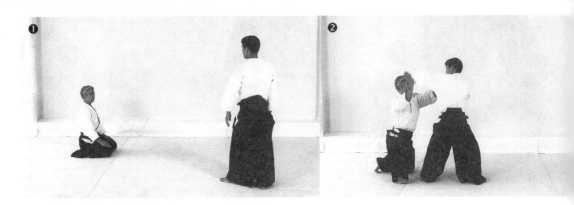

Hanmi-hantachi Katate-dori Kaiten-nage (soto-kaiten)

① - ② Assim que o *uke* tenta agarrar o pulso direito do *tori* com a mão esquerda, o *tori* avança para o lado do *uke* levantando seu *tegataná* direito.

③ - ⑥ O *tori* gira sobre o joelho direito e ao mesmo tempo faz um corte amplo com seu *tegataná* direito. O *tori* segura o pulso esquerdo do *uke* com a mão direita e controla a nuca do *uke* com o braço esquerdo. O *tori* então corta para baixo a cabeça do *uke* com seu *tegataná* esquerdo, dá um passo à frente com o joelho direito e arremessa o *uke* com um movimento de torção.

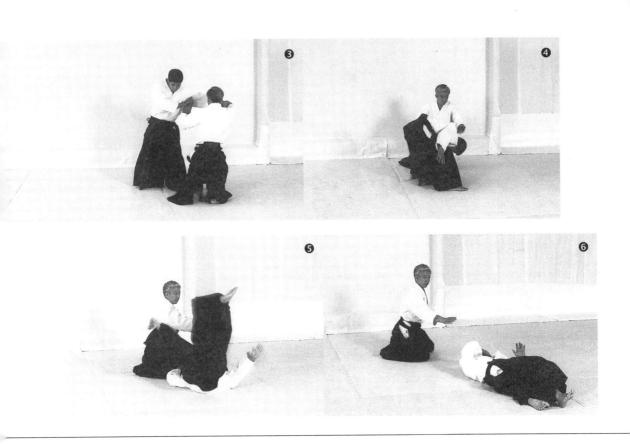

4. AIKI-OTOSHI

Quando executar esta técnica, tenha certeza de que está avançando o mais profundamente possível, fique junto ao seu parceiro e jogue as pernas para cima. Concentre-se mais no movimento de avançar do que no jogar das pernas.

Mae Ryokata-dori Aiki-otoshi

①-② Assim que o *uke* tenta agarrar os ombros do *tori*, o *tori* aplica um *atemi* com a mão direita.

③-⑥ O *tori* desliza por entre os braços do *uke* enquanto avança para o lado direito do *uke* com o pé esquerdo, joga as pernas do *uke* para cima e o lança para trás.

Ushiro Ryokata-dori Aiki-otoshi

①-④ O *uke* avança, corta para baixo o *tegataná* direito do *tori* com seu *tegataná* direito, e agarra os ombros do *tori* por trás; quando agarrado, o *tori* levanta ambos os *tegataná*, dá um passo à frente com o pé esquerdo e desliza para o lado direito do *uke* com o mesmo pé.

⑤-⑦ O *tori* joga as pernas do *uke* para cima, lançando-o para trás.

* O movimento de deslizar na foto ④ deveria ser ensinado como um movimento de avançar em vez de um simples passo para trás. O movimento de entrada usado para romper o equilíbrio de seu parceiro é o mesmo tanto quando se "agarra os ombros pela frente" quanto quando se "agarra os ombros por trás".

43

5. KOSHI-NAGE

Quando executar arremessos com os quadris, você deve estar em contato muito próximo com seu parceiro. Avance junto aos pés de seu parceiro, estenda os braços dele e utilize inteiramente suas pernas e quadris.

Ryote-dori Koshi-nage (I)

①-② Assim que o *uke* tentar segurar o pulso do *tori*, o *tori* segura o pulso esquerdo do *uke* e aplica um *atemi* com a mão esquerda enquanto levanta as duas mãos.

③ O *tori* avança com o pé esquerdo, segura o pulso direito do *uke* com a mão direita, estende o braço direito e posiciona-se perpendicularmente aos quadris do *uke*.

④-⑥ O *tori* corta para baixo com o braço direito e ao mesmo tempo estende os joelhos para finalizar o arremesso.

Nota: A foto ② ilustra como aplicar o *tegataná* enquanto segura o pulso de seu parceiro. Se você levantar a mão num movimento de elevação, fica mais fácil segurar o pulso do seu parceiro. Certifique-se também de fazer um movimento para a frente quando aplicar um *atemi*. Somente usar suas mãos não será eficaz. A foto ④ ilustra como cair com segurança no arremesso com os quadris. Seu parceiro usa a mão que está livre para se segurar e equilibrar-se.

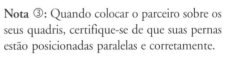

Nota ③: Quando colocar o parceiro sobre os seus quadris, certifique-se de que suas pernas estão posicionadas paralelas e corretamente.

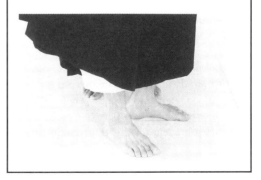

Ryote-dori Koshi-nage (II)

①-② Quando o *uke* tenta segurar os pulsos do *tori*, o *tori* segura o pulso esquerdo do *uke* dirigindo-o para cima e seu pulso direito para baixo.

③-④ O *tori* avança com o pé direito, enquanto estende o braço esquerdo do *uke* para cima e seu braço direito para baixo, e posiciona o *uke* transversalmente sobre seus quadris.

⑤-⑥ Enquanto corta para baixo com ambos os braços, o *tori* estende seus joelhos para finalizar o arremesso com os quadris.

Morote-dori Koshi-nage (I)

①-② Assim que o *uke* tenta segurar o pulso esquerdo do *tori* com ambas as mãos, o *tori* estende seu *tegataná* esquerdo e segura o pulso esquerdo do *uke* com a mão direita.

③-④ O *tori* dá um passo à frente com o pé esquerdo, enquanto estende o braço direito do *uke*, alinha suas pernas e posiciona o *uke* sobre seus quadris transversalmente.

⑤-⑥ O *tori* corta para baixo com a mão direita, enquanto estende os joelhos para finalizar seu arremesso com os quadris.

* Use o mesmo movimento corporal empregado em *morote-dori shiho-nage omote*. Essa técnica pode também ser facilmente aplicada na imobilização *dai-sankyo* (da foto ② em diante).

47

Morote-dori Koshi-nage (II)

①-④ Assim que o *uke* tenta segurar o pulso direito do *tori* com ambas as mãos, o *tori* avança e posiciona-se entre as pernas do *uke* com a perna esquerda, levanta seu *tegataná* direito, segura o pulso esquerdo do *uke* com a mão direita e posiciona o *uke* transversalmente sobre os seus quadris.

⑤-⑥ O *tori* corta para baixo com o braço direito e ao mesmo tempo estende os joelhos para executar o arremesso com os quadris.

Morote-dori Koshi-nage (III)

①-③ Assim que o *uke* tenta segurar o pulso direito do *tori* com ambas as mãos, o *tori* levanta seu *tegataná* direito enquanto dá um passo à frente com o pé esquerdo.

④ O *tori* avança entre os pés do *uke* com a perna direita, estende o braço direito e posiciona o *uke* transversalmente sobre os seus quadris.

⑤-⑥ O *tori* corta para baixo com seu *tegataná* direito e ao mesmo tempo estende os joelhos para completar o arremesso com os quadris.

* Essa é uma variação de *morote-dori kokyu-nage*.

49

Ushiro Ryo-Tekubi-dori Koshi-nage (I)

①-④ O *uke* move-se para a frente, corta para baixo o braço direito do *tori* com seu *tegataná* direito, e segura os pulsos do *tori* por trás; o *tori* avança para a frente com o pé esquerdo e levanta ambos os *tegataná*.

⑤ O *tori* segura o pulso esquerdo do *uke* com a mão direita enquanto desliza a perna esquerda entre os pés do *uke* e o posiciona transversalmente sobre os seus quadris.

⑥ O *tori* corta para baixo com o braço direito enquanto estende os joelhos para completar o arremesso com os quadris.

* Esta é uma variação de *ushiro ryo-tekubi-dori dai-sankyo*.

Ushiro Ryo-Tekubi-dori Koshi-nage (II)

①-③ Quando o *uke* segura os pulsos do *tori* por trás, o *tori* estende completamente seus *tegataná*.

④ O *tori* abaixa os quadris e gira para a direita.

⑤-⑥ O *tori* corta para baixo com ambos os braços enquanto estende os joelhos para completar o arremesso com os quadris.

* Esta é uma variação de *ushiro ryo-tekubi-dori kokyu-nage*.

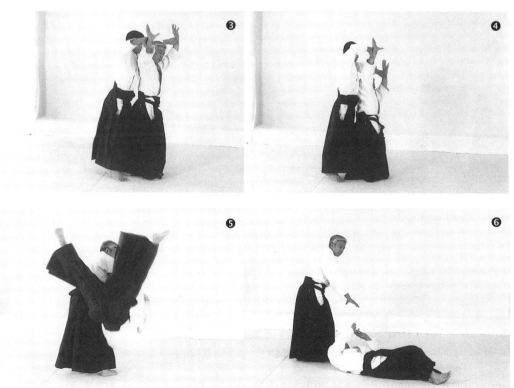

51

Katate-dori Koshi-nage (I)

①-③ Quando o *uke* tenta segurar o pulso direito do *tori* com a mão esquerda, o *tori* aplica um *atemi* com a mão esquerda enquanto controla o pulso esquerdo do *uke* com a mão direita.

④-⑤ O *tori* avança à frente com a perna esquerda entre os pés do *uke* enquanto estende seu braço direito, segura o pulso esquerdo do *uke* e posiciona o *uke* transversalmente sobre os seus quadris.

⑥ O *tori* corta para baixo a mão esquerda do *uke* com seu braço direito enquanto estende os joelhos para completar o arremesso com os quadris.

* Esta é uma variação de *kaiten-nage (uchi-kaiten)*.

Katate-dori Koshi-nage (II)

①-③ Quando o *uke* tenta agarrar o pulso direito do *tori* com a mão esquerda, o *tori* dá um passo à frente com o pé esquerdo, enquanto segura o pulso esquerdo do *uke* com sua mão esquerda.

④ O *tori* avança com a perna direita entre os pés do *uke* e posiciona o *uke* transversalmente sobre seus quadris.

⑤-⑥ O *tori* corta para baixo com a mão esquerda enquanto estende os joelhos para completar o arremesso com os quadris.

* Esta é uma variação de *katate-dori shiho-nage*.

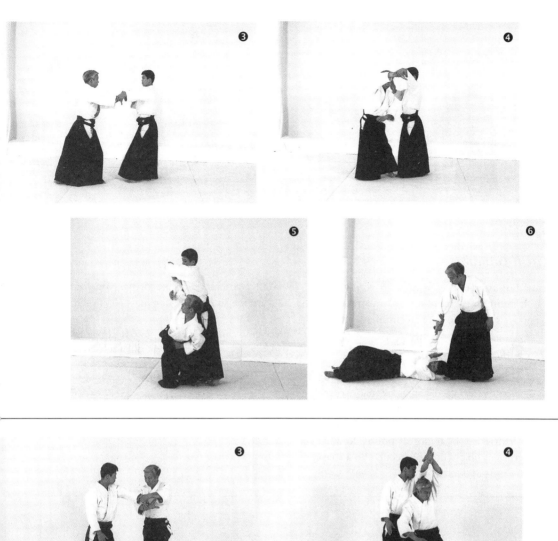

53

6. JUJI-GARAMI

Este é um arremesso com uma chave no cotovelo. É muito importante controlar corretamente ambos os pulsos de seu parceiro nesta técnica.

Morote-dori Juji-garami (I)

①-③ Assim que o *uke* tenta segurar o pulso direito do *tori* com ambas as mãos, o *tori* levanta seu *tegataná* direito.

④-⑤ O *tori* avança com o pé esquerdo, gira os quadris, agarra ambos os pulsos do *uke* e cruza os braços do *uke* executando a chave de *juji-garami*.

⑥-⑧ O *tori* estende os braços para finalizar o arremesso de *juji-garami*.

* Esta é uma variação de *morote-dori dai-ikkyo (irimi)*. É perigoso para seu parceiro se você soltar as duas mãos neste arremesso, por isso segure a parte superior do braço do *uke*.

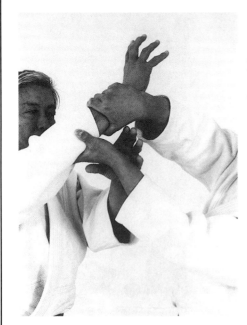

NOTA: Foto ④ mostrada de um outro ângulo e em *close-up*, ilustrando a mudança da pegada. Trave o cotovelo de seu parceiro desta forma.

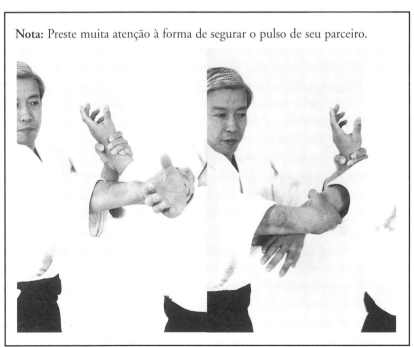

Nota: Preste muita atenção à forma de segurar o pulso de seu parceiro.

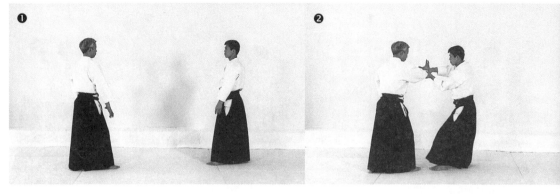

Morote-dori Juji-garami (II)

①-④ Assim que o *uke* tenta segurar o pulso direito do *tori* com ambas as mãos, o *tori* levanta seu *tegataná* direito, avança com o pé direito e vira-se com o pé esquerdo.

⑤-⑨ O *tori* corta para baixo com seu *tegataná* direito, segura ambos os pulsos do *uke*, cruza os braços do *uke* com a chave de *juji-garami*, avança com o pé direito e arremessa o *uke* para a frente.

* Esta é uma variação de *morote-dori dai-ikkyo (tenkan) omote*.

Nota: Quando mudar a pegada ao soltar o pulso de seu parceiro, tenha certeza de que essa transição seja suave; não puxe bruscamente o braço de seu parceiro.

Nota: Cruze os cotovelos de seu parceiro como mostramos aqui.

Ushiro Ryo-Tekubi-dori Juji-garami

①-④ O *uke* avança, corta para baixo no pulso esquerdo do *tori* com seu *tegataná* esquerdo e segura os pulsos do *tori* por trás; o *tori* levanta ambos os *tegataná*.

⑤-⑥ O *tori* entra atrás do *uke* com o pé direito e ao mesmo tempo segura os pulsos e cruza os braços do *uke* com a chave de *juji-garami*.

⑦-⑧ O *tori* dá um passo largo para a frente com o pé direito e arremessa o *uke* para a frente.

Kata-dori Shomen-uchi Juji-garami (I)

①-③ Assim que o *uke* tenta segurar o ombro direito do *tori* com a mão esquerda, o *tori* aplica um *atemi* com seu *tegataná* direito. O *uke* bloqueia o ataque com seu *tegataná* direito.

④-⑧ O *tori* abre-se à direita e avança com o pé direito enquanto controla o cotovelo direito do *uke* com seu *tegataná* direito; o *tori* segura ambos os pulsos do *uke*, cruza os braços do *uke* executando a chave de *juji-garami*, e dá um passo largo à frente com o pé esquerdo para finalizar o arremesso.

* Esta á uma variação de *kata-dori shomen-uchi dai-ikkyo (irimi)*.

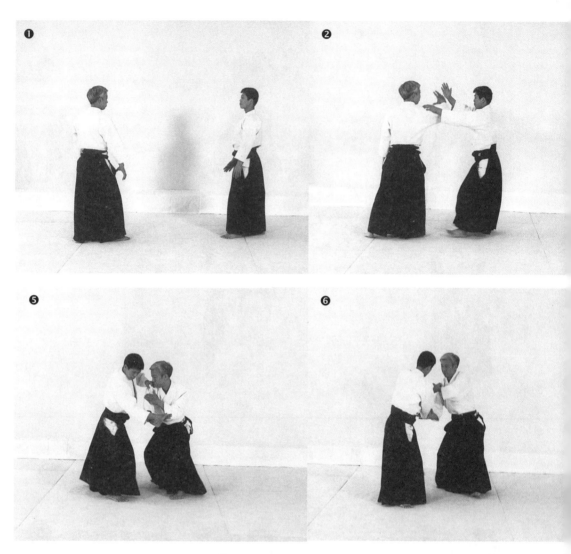

Kata-dori Shomen-uchi Juji-garami (II)

①-③ Assim que o *uke* tenta segurar o ombro direito do *tori* com a mão esquerda, o *tori* entra no lado esquerdo do *uke* aplicando um *atemi* com seu *tegataná* direito. O *uke* bloqueia o golpe com seu *tegataná* direito.

④-⑧ O *tori* avança com o pé direito, gira com o pé esquerdo, fazendo o *uke* rodar com seu *tegataná* direito, segura os pulsos do *uke* e cruza os braços do *uke* fazendo a chave de *juji-garami*. O *tori* dá um passo largo à frente com o pé direito para finalizar a execução do arremesso.

* Esta á uma variação de *kata-dori shomen-uchi dai-ikkyo (tenkan) omote*.

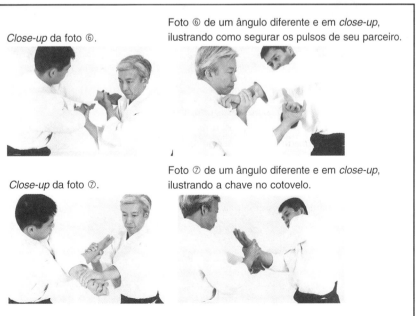

Close-up da foto ⑥.

Foto ⑥ de um ângulo diferente e em *close-up*, ilustrando como segurar os pulsos de seu parceiro.

Close-up da foto ⑦.

Foto ⑦ de um ângulo diferente e em *close-up*, ilustrando a chave no cotovelo.

7. KOKYU-NAGE

Nesta técnica, o relacionamento entre você e seu parceiro, uma boa sincronização, a concentração da força e o controle correto da respiração são muito importantes.

Morote-dori Kokyu-nage (I)

①-⑥ Assim que o *uke* tenta segurar o pulso direito do *tori* com ambas as mãos, o *tori* levanta seu *tegataná* direito e ao mesmo tempo avança para a frente com o pé direito; o *tori* então corta para baixo com seu *tegataná* direito e usa a força de sua respiração para arremessar o *uke*.

Morote-dori Kokyu-nage (II)

①-⑥ Assim que o *uke* tenta segurar o pulso direito do *tori* com ambas as mãos, o *tori* levanta seu *tegataná* direito e ao mesmo tempo faz um movimento giratório amplo para a direita; o *tori* então corta para baixo com seu *tegataná* direito e usa a força de sua respiração para arremessar o *uke*.

Morote-dori Kokyu-nage (III)

①-③ Assim que o *uke* tenta segurar o pulso direito do *tori* com ambas as mãos, o *tori* levanta seu *tegataná* direito.

④-⑥ O *tori* dá um passo largo com o pé esquerdo de modo a ficar abaixo dos braços do *uke*, corta de cima para baixo com ambos os braços e usa a força da respiração para arremessar o *uke*.

Morote-dori Kokyu-nage (IV)

①-③ Assim que o *uke* tenta agarrar o pulso direito do *tori* com ambas as mãos, o *tori* levanta seu *tegataná* direito, avança com o pé direito e faz um giro.

④ Enquanto faz um giro, o *tori* corta para baixo com seu *tegataná* direito.

⑤-⑦ O *tori* dá um passo largo à frente com o pé esquerdo, sob os braços do *uke*, corta para baixo com ambos os braços e usa a força da respiração para arremessar o *uke*.

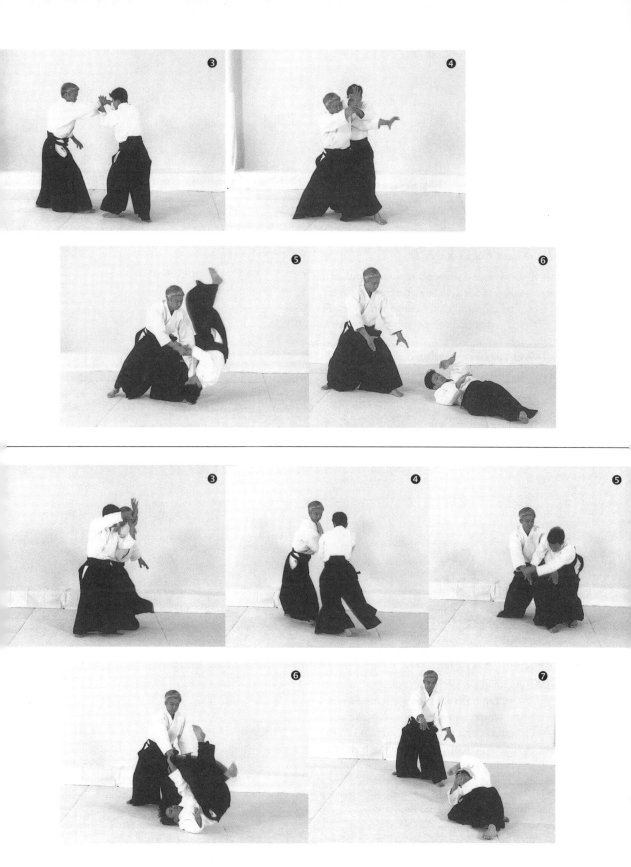

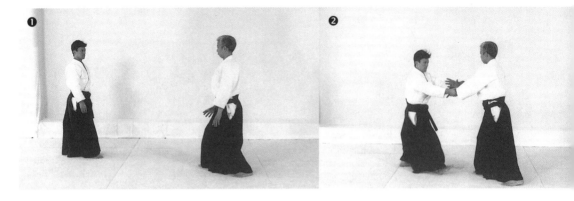

Ryote-dori Kokyu-nage (I)

①-④ Assim que o *uke* tenta segurar os pulsos do *tori*, o *tori* desliza para a direita, avança com o pé esquerdo e ao mesmo tempo levanta seu *tegataná* direito e gira com ambos os pés.

⑤-⑥ O *tori* corta para baixo com seu *tegataná* direito e usa a força da respiração para arremessar o *uke*.

Ryote-dori Kokyu-nage (II)

①-⑥ Assim que o *uke* tenta segurar os pulsos do *tori*, o *tori* desliza para a direita e ao mesmo tempo levanta ambos os *tegataná*, em seguida corta para baixo fazendo um movimento circular amplo para arremessar o *uke* para trás.

* Quando estiver arremessando para trás, relaxe os ombros e faça um movimento de *kaiten*.

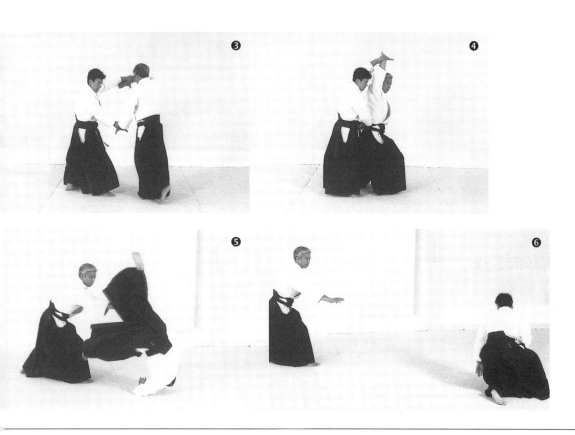

67

Ryote-dori Kokyu-nage (III)

①-⑤ Assim que o *uke* tenta segurar os pulsos do *tori*, o *tori* desliza para a direita com o pé direito fazendo um amplo movimento circular, conduzindo o *uke* com seu *tegataná* esquerdo até a sua frente; o *tori* então controla o braço direito do *uke* com sua mão direita.

⑥-⑦ O *tori* dá um passo largo à frente com o pé esquerdo sob os braços do *uke*, corta para baixo com ambos os braços e usa a força da respiração para arremessar o *uke*.

Ushiro Ryo-Tekubi-dori Kokyu-nage

①-③ O *uke* avança, corta para baixo no *tegataná* esquerdo do *tori* com seu *tegataná* esquerdo e segura os pulsos do *tori* por trás.

④-⑦ O *tori* levanta ambos os *tegataná* enquanto dá um passo largo à frente com o pé direito, corta para baixo com ambos os *tegataná* e usa a força da respiração para arremessar o *uke*.

Katate-dori Kokyu-nage (uchi-kaiten)

①-③ Assim que o *uke* tenta segurar o pulso direito do *tori* com a mão esquerda, o *tori* desliza para a direita enquanto aplica um *atemi* com a mão esquerda e levanta seu *tegataná* direito.

④-⑦ O *tori* avança com o pé esquerdo, gira os quadris, corta para baixo com seu *tegataná* direito e usa a força da respiração para arremessar o *uke*.

* A aplicação do *atemi* é essencial quando se avança em *irimi* (foto ③). A utilização correta do *tegataná* (fotos ④ e ⑤) também é muito importante.

Katate-dori Kokyu-nage (soto-kaiten)

①-③ Assim que o *uke* tenta segurar o pulso direito do *tori* com a mão esquerda, o *tori* desliza para a direita e ao mesmo tempo aplica um *atemi* com a mão esquerda e estende seu *tegataná* direito.

④-⑦ O *tori* dá meio passo com o pé direito enquanto levanta seu *tegataná* direito para a controlar o pulso esquerdo do *uke*; o *tori* então dá um passo largo para a frente com o pé direito enquanto corta para baixo com seu *tegataná* direito e usa a força da respiração para arremessar o *uke*.

* Na foto ③, se a entrada do *irimi* for muito curta, você não conseguirá controlar a mão de seu parceiro; manter a distância correta é muito importante.

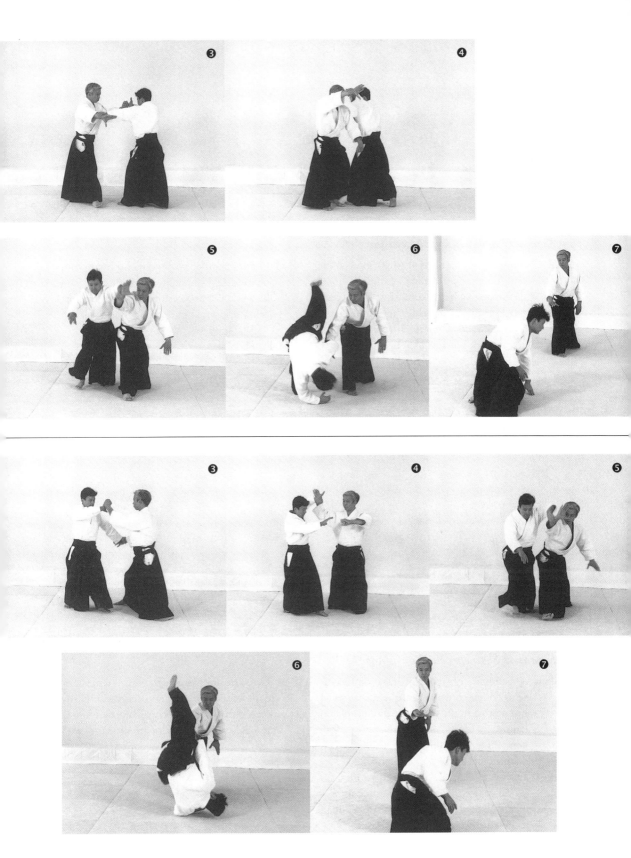

Kata-dori Shomen-uchi Kokyu-nage (I)

①-③ Assim que o *uke* tenta agarrar o ombro direito do *tori* com sua mão esquerda, o *tori* dá um passo à frente com o pé direito, para o lado esquerdo do *uke,* e aplica um *atemi* com seu *tegataná* direito. O *uke* bloqueia o ataque com seu *tegataná* direito.

④-⑥ O *tori* avança com o pé direito e gira, fazendo o *uke* rodar para a frente com seu *tegataná* direito, enquanto controla o braço direito do *uke*.

⑦-⑧ O *tori* dá um passo largo para a frente com o pé esquerdo enquanto corta de cima para baixo com ambos os braços, usando a força da respiração para arremessar o *uke*.

Kata-dori Shomen-uchi Kokyu-nage (II)

①-③ Assim que o *uke* tenta agarrar o ombro direito do *tori* com a mão esquerda, o *tori* dá um passo à frente com o pé direito, para o lado esquerdo do *uke,* e aplica um *atemi* com seu *tegataná* direito. O *uke* bloqueia o ataque com seu *tegataná* direito.

④-⑤ O *tori* avança com o pé direito e gira, fazendo o *uke* rodar para a frente com seu *tegataná* direito, enquanto controla a mão direita do *uke*, com sua mão direita.

⑥-⑧ O *tori* dá um passo largo para a frente com o pé esquerdo, enquanto corta de baixo para cima com ambos os braços e usa a força da respiração para arremessar o *uke*.

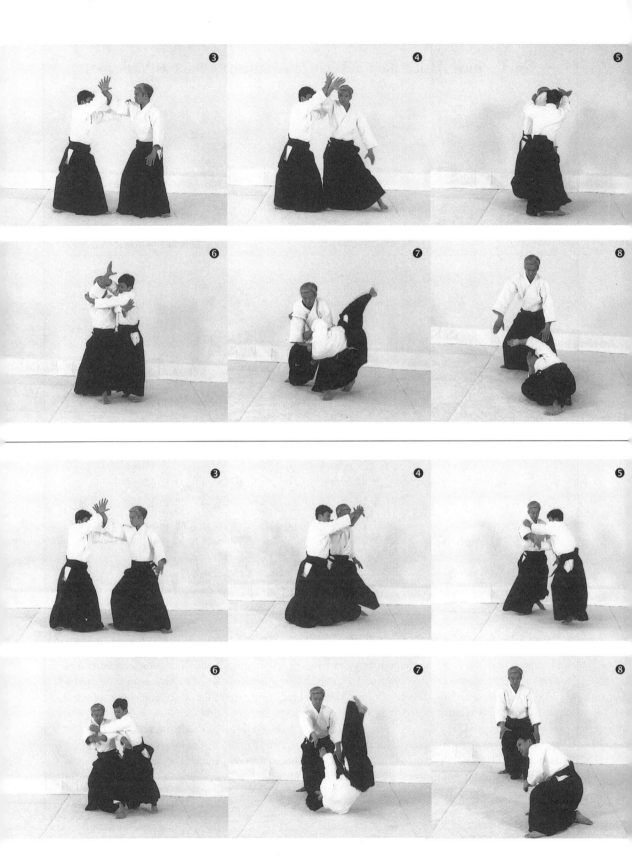

73

Da Técnica Básica para a Técnica Avançada e para as Variações

Básica: *Morote-dori Kokyu-ho (omote)*

Avançada: *Morote-dori Dai-ikkyo (omote)*

Variação: *Morote-dori Juji-garami*

De Morote-dori Kokyu-ho *(duas variações) para* Morote-dori Juji-garami

A seqüência de fotos acima demonstra *morote-dori kokyu-ho* e mostra como o *tegataná* é aplicado para tirar o equilíbrio de seu parceiro. Vejamos como essa técnica é utilizada na forma avançada e na variação.

Em *morote-dori dai-ikkyo,* o *tegataná* é utilizado para tirar o equilíbrio de seu parceiro, mas um giro dos quadris é adicionado e você controla o cotovelo enquanto avança para a frente.

Alternativamente, você pode fazer esta variação para *morote-dori dai-ikkyo*: em vez de imobilizar, segure os pulsos de seu parceiro e aplique a chave de *juji-garami*.

Nessa ilustração podemos ver como uma técnica fundamental, como é *kokyu-ho*, pode ser aplicada numa variedade de formas — em imobilizações, em *kokyu-nage*, em *koshi-nage*, e assim por diante.

CAPÍTULO DOIS

Combinação de Técnicas de Arremesso com Imobilizações

1. KOTE-GAESHI

Yokomen-uchi Kote-gaeshi (I)

①-④ Quando o *uke* avança para golpear com um golpe de *yokomen* com seu *tegataná* direito, o *tori* dá um passo largo à frente com o pé direito aplicando um *atemi* com a mão direita e fazendo um movimento de *yokomen*; o *tori* então desliza seu *tegataná* direito para baixo para controlar o pulso direito do *uke*.

⑤-⑨ O *tori* avança com o pé esquerdo enquanto aplica a chave de *kote-gaeshi*, gira, dá um passo para trás com o pé direito com uma torção nos quadris, leva o *uke* ao chão e o imobiliza com o rosto para baixo.

Nota: As fotos ③ e ④ ilustram como se mover como se estivesse olhando para as costas de seu parceiro e como utilizar seu *tegataná* para redirecionar o ataque de *yokomen* de seu parceiro. As fotos ④ e ⑤ ilustram como aplicar a chave de *kote-gaeshi* com a mão esquerda, enquanto avança em *irimi* com o pé esquerdo.

Yokomen-uchi Kote-gaeshi (II)

①-④ Quando o *uke* avança para desferir um golpe de *yokomen* com seu *tegataná* direito, o *tori* dá um passo largo à frente com o pé direito aplicando um *atemi* com a mão direita e fazendo um movimento de *yokomen*; o *tori* então bloqueia com seu *tegataná* direito o pulso direito do *uke*.

⑤-⑧ O *tori* gira sobre o pé direito enquanto aplica *kote-gaeshi* no pulso direito do *uke*, leva o *uke* ao chão e o imobiliza com o rosto para baixo.

* As fotos ③ e ④ ilustram a importância do movimento do *tegataná*.

Morote-dori Kote-gaeshi

①-④ Assim que o *uke* tenta segurar o pulso direito do *tori* com ambas as mãos, o *tori* levanta seu *tegataná* direito e faz um giro para a direita.

⑤-⑨ O *tori* faz um giro enquanto corta para baixo com seu *tegataná* direito, levando o *uke* para a frente; o *tori* então avança com o pé esquerdo e gira enquanto aplica a chave de *kote-gaeshi* no pulso direito do *uke*. O *tori* então dá um passo para trás com o pé esquerdo, gira seus quadris, leva o *uke* ao chão e o imobiliza com o rosto para baixo.

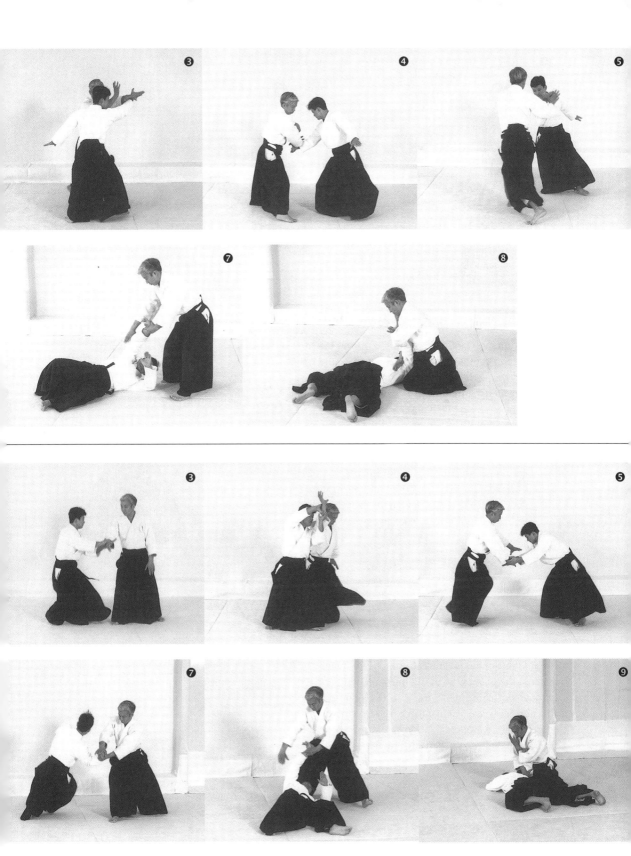

Kata-dori Shomen-uchi Kote-gaeshi

①-③ Assim que o *uke* tenta segurar o ombro direito do *tori* com a mão esquerda, o *tori* avança no lado esquerdo do *uke* aplicando um *atemi* com seu *tegataná* direito. O *uke* bloqueia o ataque com seu *tegataná* direito.

④-⑤ O *tori* avança e gira para a direita, enquanto corta para baixo com seu *tegataná* direito, levando o *uke* para a frente; o *tori* então avança com o pé esquerdo e gira novamente.

⑥-⑨ O *tori* dá um passo para trás enquanto aplica a chave de *kote-gaeshi*, leva o *uke* ao chão e o imobiliza com o rosto para baixo.

Nota: Conforme ilustram as fotos ③ e ④, mantenha seu *tegataná* grudado no pulso de seu parceiro. Assim como nas fotos ④ e ⑤, aplique a chave de *kote-gaeshi*, enquanto avança suavemente em *irimi* para a esquerda. Nas técnicas em que se seguram os ombros, seu parceiro estará muito perto de você, por isso seus movimentos devem ser precisos e decisivos.

Ushiro Kubijime Kote-gaeshi

①-④ O *uke* se move para a frente, corta para baixo a mão direita do *tori* com seu *tegataná* direito, segura o pulso direito do *tori* e tenta aplicar uma chave de estrangulamento por trás.

⑤-⑥ O *tori* levanta seu *tegataná* direito enquanto dá um passo para fora com o pé direito e gira sobre ele, enquanto aplica a chave de *kote-gaeshi* no pulso esquerdo do *uke*.

⑦-⑩ O *tori* dá um passo para trás com o pé direito, gira os quadris, leva o *uke* ao chão e o imobiliza com o rosto para baixo.

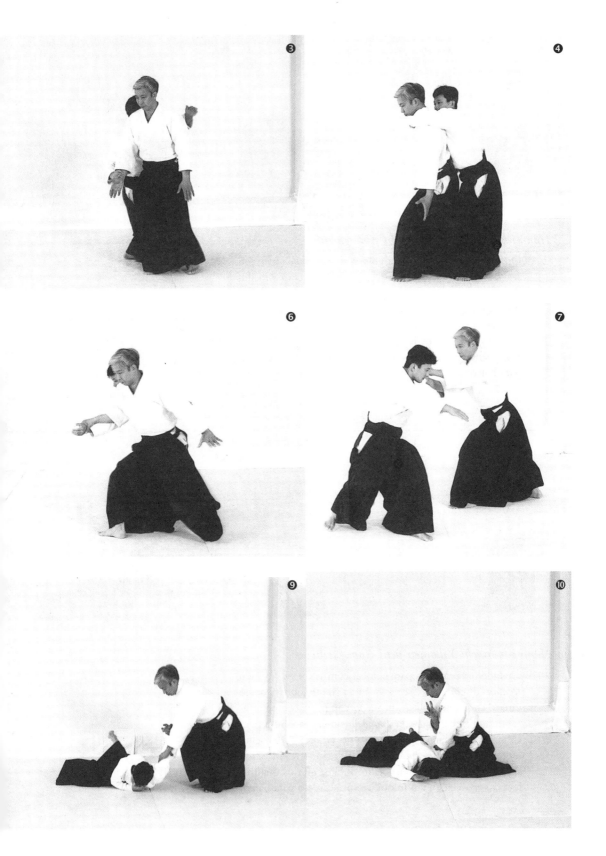

83

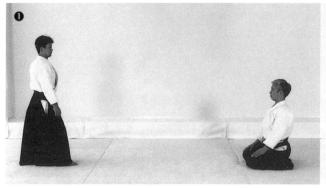

Hanmi-hantachi Shomen-uchi Kote-gaeshi

①-③ Quando o *uke* avança para golpear com *shomen* com seu *tegataná* direito, o *tori* se move para a frente com o joelho esquerdo e gira, controlando o ataque com seu *tegataná* direito e segurando o pulso direito do *uke* com a mão esquerda.

④-⑦ O *tori* gira sobre os joelhos enquanto aplica a chave de *kote-gaeshi*, leva o *uke* ao chão e o imobiliza com o rosto para baixo.

Hanmi-hantachi Yokomen-uchi Kote-gaeshi

①-③ Quando o *uke* avança para golpear com *yokomen* com seu *tegataná* direito, o *tori* se move para a frente sobre o joelho direito enquanto aplica um *atemi* com a mão direita fazendo um movimento de *yokomen* com a mão esquerda.

④-⑦ O *tori* avança para o lado direito do *uke* com seu joelho esquerdo enquanto aplica a chave de *kote-gaeshi*; o *tori* desliza para trás com seu joelho direito, gira os quadris, leva o *uke* ao chão, e o imobiliza com o rosto para baixo.

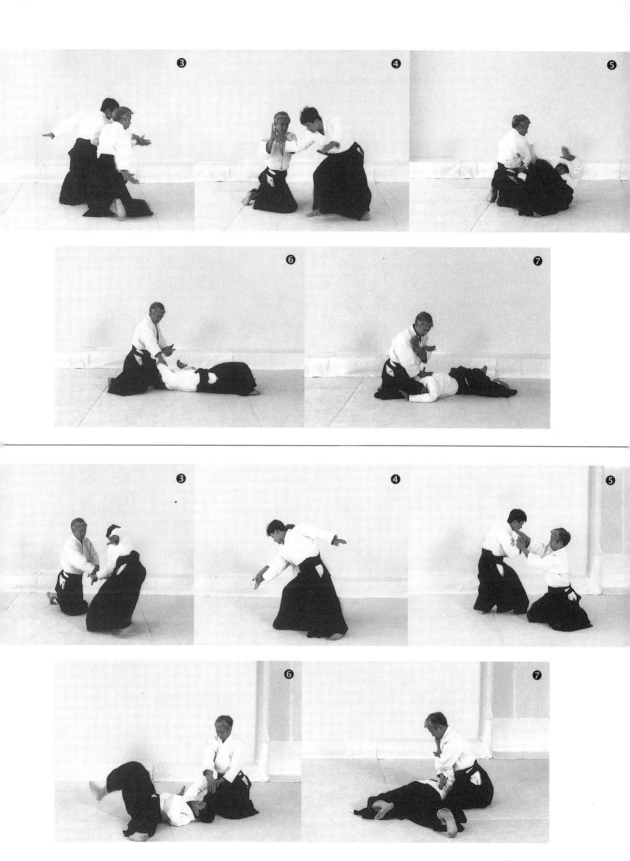

Da Técnica Básica para a Técnica Avançada e para as Variações

Básica: *Morote-dori Kokyu-ho (ura)*

Avançada: *Morote-dori Kokyu-nage (tenkan II)*

Variação: *Morote-dori Irimi-nage (tenkan I)*

**De *Morote-dori Kokyu-ho (ura)* a *Morote-dori Kokyu-nage (tenkan II)*
para *Morote-dori Irimi-nage (tenkan I)***

Observemos as aplicações avançada e com variação de *morote-dori kokyu-ho (ura)*.

Seguindo o giro inicial, se você cortar para baixo e para a frente (em vez de para trás) com seu *tegataná*, a técnica se torna *kokyu-nage*. Outra alternativa seria fazer um movimento amplo, circular e transformar a técnica em *irimi-nage*.

CAPÍTULO TRÊS

Técnicas de Imobilização

1. DAI-IKKYO

Yokomen-uchi Dai-ikkyo (irimi) omote

①-③ Assim que o *uke* avança para golpear com *yokomen* com seu *tegataná* direito, o *tori* avança para a esquerda aplicando um *atemi* com a mão direita e neutralizando o ataque com seu *tegataná* esquerdo.

④-⑥ O *tori* então segura o pulso direito do *uke* com a mão direita e controla o cotovelo do *uke* com a mão esquerda; o *tori* avança para a frente enquanto corta para baixo com ambos os braços, leva o *uke* com o rosto ao chão e finaliza com a chave de *ikkyo*. (⑤ e ⑥ são mostradas pelo ângulo lateral.)

Yokomen-uchi Dai-ikkyo (irimi) ura

①-③ Assim que o *uke* avança para golpear com *yokomen* com a mão direita, o *tori* desliza para a frente à sua esquerda aplicando um *atemi* com a mão direita e neutralizando o ataque com seu *tegataná* esquerdo.

④-⑥ O *tori* gira sobre o seu pé esquerdo enquanto segura o pulso direito do *uke* com a mão direita e o cotovelo direito do *uke* com a mão esquerda. O *tori* então corta para baixo, levando o *uke* com o rosto ao chão. O *tori* finaliza com a chave de *ikkyo*.

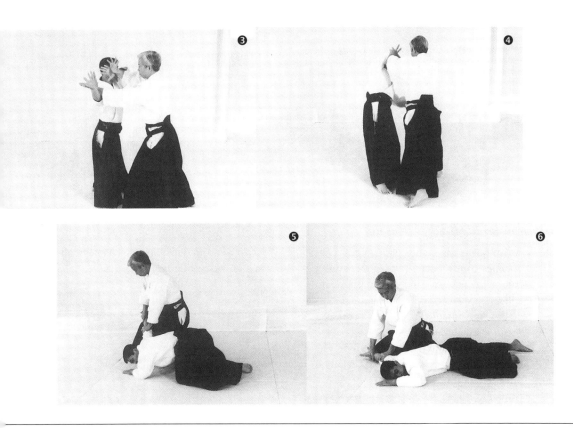
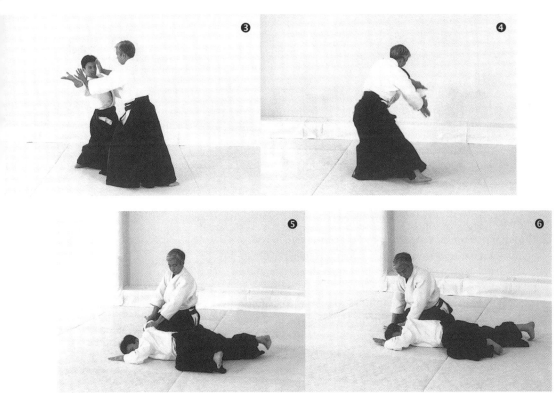

89

Yokomen-uchi Dai-ikkyo (tenshin) omote

①-③ Assim que o *uke* avança para golpear com *yokomen* com a mão direita, o *tori* avança para a frente com o pé direito enquanto aplica um *atemi* com a mão direita, fazendo um movimento de *yokomen* com seu *tegataná* esquerdo.

④-⑦ Depois de bloquear o braço direito do *uke*, o *tori* dá um passo para a direita e segura o pulso e o cotovelo do *uke*. O *tori* avança enquanto corta para baixo o braço do *uke*, leva o *uke* com o rosto para o chão e finaliza com a chave de *ikkyo*.

Yokomen-uchi Dai-ikkyo (tenshin) ura

①-③ Assim que o *uke* avança para golpear com *yokomen* com a mão direita, o *tori* avança para a frente com o pé direito enquanto aplica um *atemi* com a mão direita, fazendo um movimento de *yokomen* com seu *tegataná* esquerdo, e leva o *uke* para a frente com um movimento circular.

④-⑧ O *tori* levanta seu *tegataná* direito, dá um passo para fora com o pé esquerdo e gira enquanto corta para baixo o braço e o cotovelo do *uke*. O *tori* leva o *uke* ao chão com o rosto para baixo e aplica a chave de *ikkyo*.

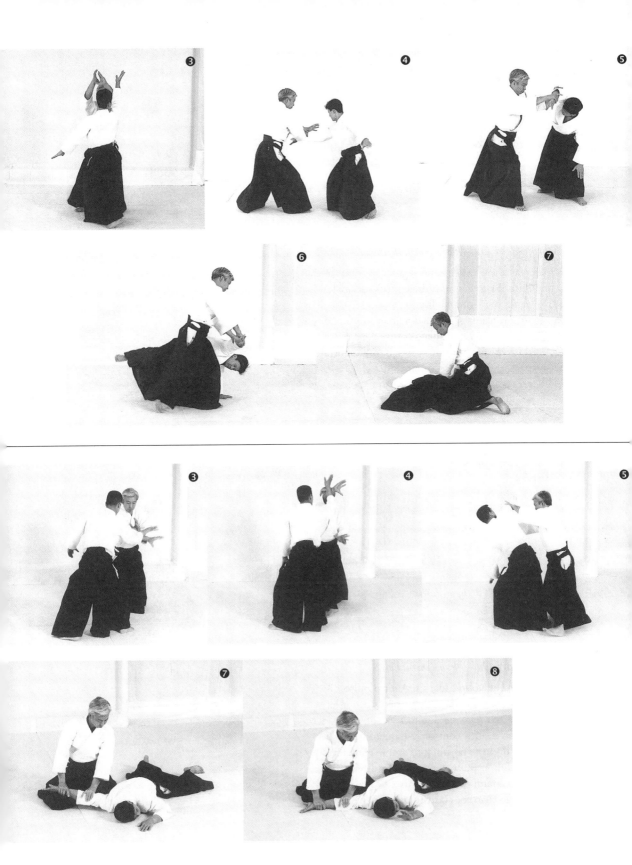

Morote-dori Dai-ikkyo (irimi) omote

①-③ Assim que o *uke* tenta segurar o pulso direito do *tori* com as duas mãos, o *tori* levanta seu *tegataná* direito.

④-⑥ O *tori* alarga seu posicionamento usando o pé direito e controla o cotovelo e o pulso do *uke* enquanto avança à frente e corta para baixo o braço direito do *uke*. O *tori* leva o *uke* ao chão com o rosto para baixo e aplica a chave de *ikkyo*.

Morote-dori Dai-ikkyo (irimi) ura

①-③ Assim que o *uke* tenta segurar o pulso direito do *tori* com as duas mãos, o *tori* levanta seu *tegataná* direito.

④-⑥ O *tori* avança com o pé esquerdo para o lado do *uke* e faz um giro amplo enquanto controla o pulso e o cotovelo direito do *uke* com um corte para baixo. O *tori* leva o *uke* ao chão com o rosto para baixo e aplica a chave de *ikkyo*.

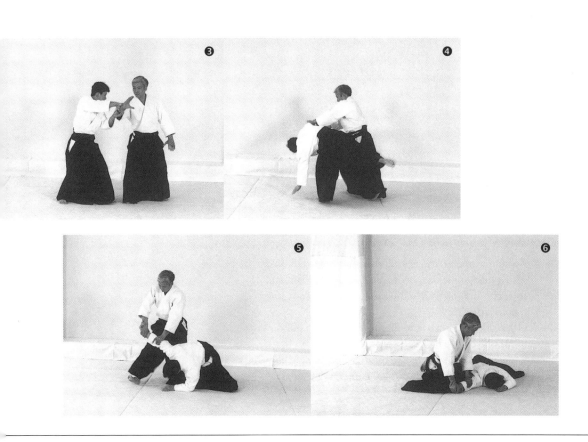
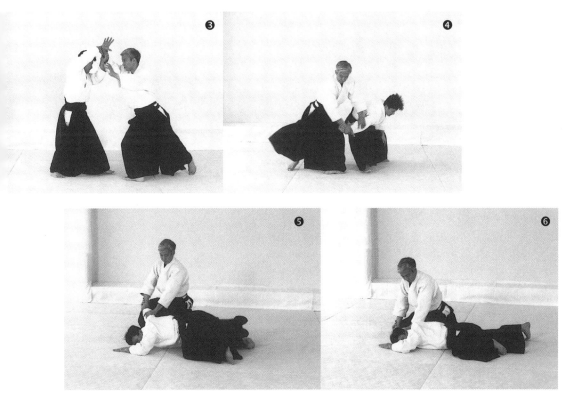

93

Kata-dori Shomen-uchi Dai-ikkyo (irimi) omote

①-③ Assim que o *uke* tenta segurar o ombro direito do *tori* com a mão esquerda, o *tori* aplica um *atemi* com seu *tegataná* direito. O *uke* bloqueia o ataque com seu *tegataná* direito.

④-⑥ O *tori* abre-se para o lado direito e controla o pulso e o cotovelo direito do *uke* enquanto avança para a frente e corta para baixo o braço direito do *uke*. O *tori* leva o *uke* ao chão com o rosto para baixo e aplica a imobilização de *ikkyo*.

Kata-dori Shomen-uchi Dai-ikkyo (irimi) ura

①-② Assim que o *uke* tenta segurar o ombro direito do *tori* com a mão esquerda, o *tori* aplica um *atemi* com seu *tegataná* direito. O *uke* bloqueia o ataque com seu *tegataná* direito.

③-⑥ O *tori* dá um passo largo para a frente com o pé esquerdo, enquanto controla o pulso e o cotovelo do *uke* forçando-os com um movimento circular. O *tori* leva o *uke* ao chão com o rosto para baixo e aplica a imobilização de *ikkyo*.

Kata-dori Shomen-uchi Dai-ikkyo (tenkan) omote

①-③ Assim que o *uke* tenta segurar o ombro direito do *tori* com a mão esquerda, o *tori* aplica um *atemi* com seu *tegataná* direito. O *uke* bloqueia o ataque com seu *tegataná* direito.

④-⑧ O *tori* entra no lado esquerdo do *uke*, gira sobre o seu pé direito enquanto corta para baixo com seu *tegataná* direito e conduz o *uke* para a frente. O *tori* dá um passo para trás com o pé direito, enquanto segura o pulso esquerdo do *uke* e avança enquanto controla o pulso e o cotovelo esquerdo do *uke*. O *tori* avança mais um pouco, corta para baixo, leva o *uke* ao chão com o rosto para baixo e aplica a imobilização de *ikkyo*.

Kata-dori Shomen-uchi Dai-ikkyo (tenkan) ura

①-③ Assim que o *uke* tenta segurar o ombro direito do *tori* com a mão esquerda, o *tori* aplica um *atemi* com seu *tegataná* direito. O *uke* bloqueia o ataque com seu *tegataná* direito.

④-⑧ O *tori* entra no lado esquerdo do *uke*, gira sobre o seu pé direito enquanto corta para baixo com seu *tegataná* direito. O *tori* continua a girar sobre o seu pé direito enquanto controla o pulso e o cotovelo esquerdo do *uke* e corta para baixo. O *tori* leva o *uke* ao chão com o rosto para baixo e aplica a imobilização de *ikkyo*.

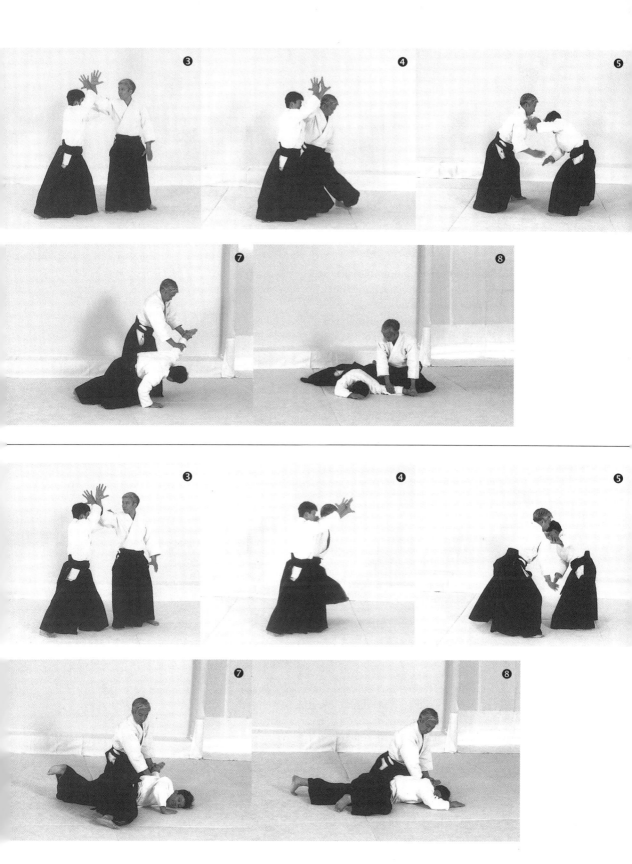

97

Ushiro Ryokata-dori Dai-ikkyo omote

①-⑤ O *uke* move-se para a frente, bloqueia o braço direito do *tori* com seu *tegataná* direito e segura os ombros do *tori* por trás; quando é agarrado, o *tori* levanta ambos os braços enquanto dá um passo amplo para trás com o pé esquerdo, por baixo dos braços do *uke*.

⑥-⑦ O *tori* avança com o pé esquerdo enquanto controla o pulso e o cotovelo direito do *uke* e corta para baixo. O *tori* leva o *uke* ao chão com o rosto para baixo e aplica a imobilização de *ikkyo*.

* As fotos ④ e ⑤ ilustram como abaixar os quadris e assumir uma postura com metade do corpo.

Ushiro Ryokata-dori Dai-ikkyo ura

①-⑤ O *uke* move-se para a frente, bloqueia para baixo o braço direito do *tori* com seu *tegataná* direito e segura os ombros do *tori* por trás; quando é agarrado, o *tori* levanta ambos os braços enquanto dá um passo amplo para trás com o pé esquerdo, por baixo dos braços do *uke*.

⑥-⑧ O *tori* avança com seu pé esquerdo para o lado direito do *uke* e gira sobre o seu pé esquerdo, enquanto controla o pulso e o cotovelo direito do *uke*, cortando para baixo. O *tori* leva o *uke* ao chão com o rosto para baixo e aplica a imobilização de *ikkyo*.

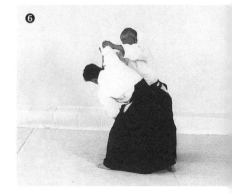

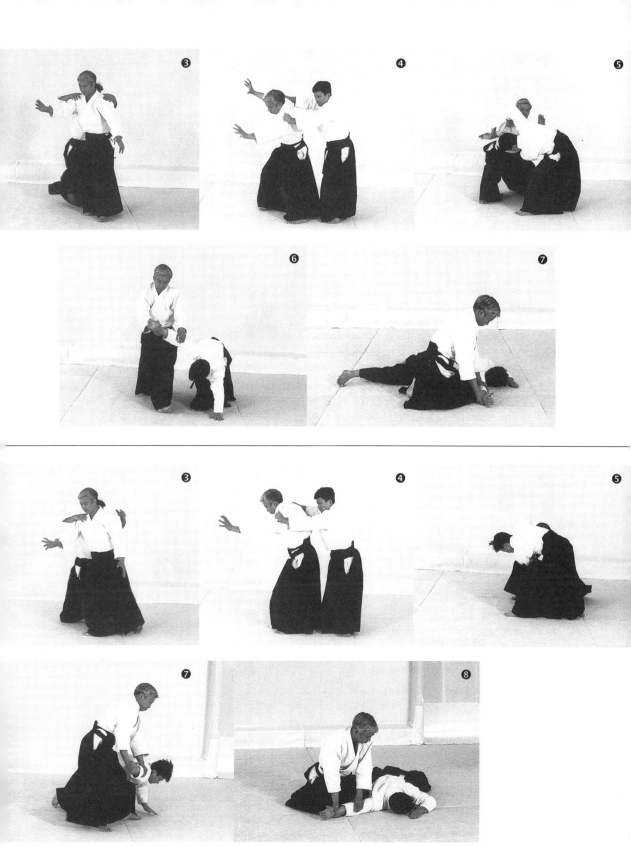

99

Ushiro Eri-dori Dai-ikkyo omote

①-⑤ O *uke* avança, corta para baixo o *tegataná* direito do *tori* com seu *tegataná* direito e segura o pescoço do *tori* por trás; assim que é agarrado, o *tori* aplica um *atemi* com seu *tegataná* direito, enquanto dá um passo à esquerda. O *uke* bloqueia o *atemi*.

⑥-⑧ O *tori* dá um passo para trás com o pé direito por debaixo dos braços esticados do *uke* e segura o pulso e o cotovelo esquerdo do *uke*; o *tori* então avança enquanto corta para baixo e leva o *uke* ao chão com o rosto para baixo. O *tori* aplica a imobilização de *ikkyo*.

Ushiro Eri-dori Dai-ikkyo ura

①-④ O *uke* avança, corta para baixo o *tegataná* direito do *tori* com seu *tegataná* direito e segura o pescoço do *tori* por trás; assim que é agarrado, o *tori* dá um passo à esquerda e aplica um *atemi* com seu *tegataná* direito. O *uke* bloqueia o *atemi*.

⑤-⑧ O *tori* dá um passo para trás com o pé direito por debaixo dos braços estendidos do *uke* e segura o pulso e o cotovelo esquerdo do *uke*; o *tori* entra com o pé direito no lado esquerdo do *uke* e gira enquanto corta para baixo, levando o *uke* ao chão com o rosto para baixo. O *tori* aplica a imobilização de *ikkyo*.

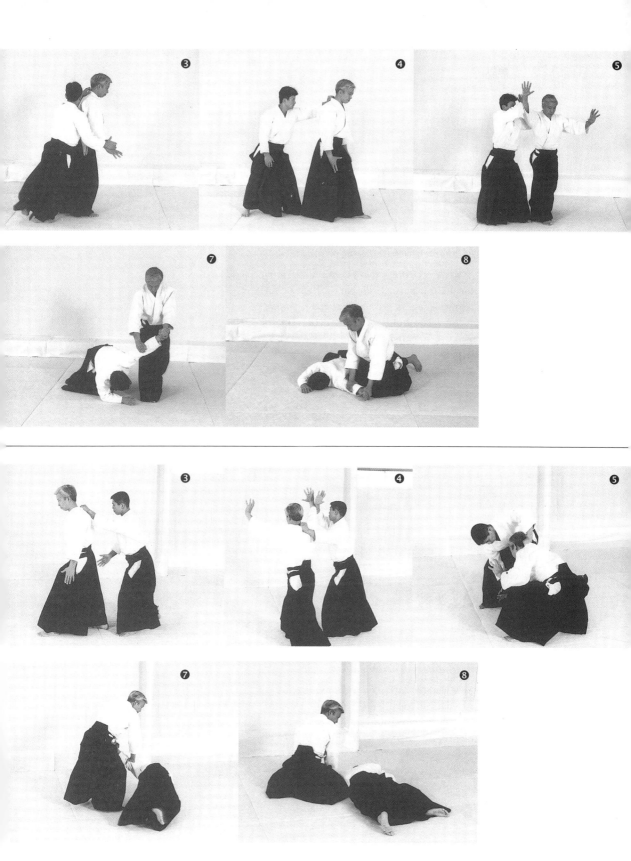

Hanmi-hantachi Shomen-uchi Dai-ikkyo omote

① -④ Assim que o *uke* ataca com *shomen* com seu *tegataná* direito, o *tori* dá um passo largo para a frente com seu joelho esquerdo enquanto levanta seus *tegataná*; o *tori* então controla o pulso direito e o cotovelo do *uke* enquanto corta para baixo, levando o *uke* ao chão com o rosto para baixo.

⑤ O *tori* aplica a imobilização de *ikkyo*.

Hanmi-hantachi Shomen-uchi Dai-ikkyo ura

① -② Assim que o *uke* ataca com *shomen* com seu *tegataná* direito, o *tori* dá um passo largo para a frente com seu joelho esquerdo enquanto levanta seus *tegataná* para controlar o pulso e o cotovelo direito do *uke*.

③ -⑤ O *tori* gira sobre o seu joelho esquerdo enquanto corta para baixo, levando o *uke* ao chão com o rosto para baixo. O *tori* aplica a chave de *ikkyo*.

Nota: Sincronize seu movimento de acordo com o ataque de seu parceiro e avance profundamente, com o sentimento de progressão contínua para a frente, conforme ilustram as fotos ② e ③.

Nota: Como ilustramos na foto ②, sincronize sua entrada de acordo com o ataque de seu parceiro e avance com o pé da frente. Na foto ③, note o giro forte com o joelho, sincronizado conjuntamente com o ataque de seu parceiro.

2. DAI-NIKYO

Yokomen-uchi Dai-nikyo (irimi) omote

①-② Assim que o *uke* avança para golpear com *yokomen* com seu *tegataná* direito, o *tori* avança para a frente à esquerda enquanto aplica um *atemi* com a mão direita e neutraliza o ataque com seu *tegataná* esquerdo.

③-⑤ O *tori* controla o cotovelo e o pulso direito do *uke* com a chave de *nikyo omote* e avança à frente enquanto corta para baixo.

⑥-⑦ O *tori* leva o *uke* ao chão com o rosto para baixo, trava o braço e o ombro direito do *uke* com seus *tegataná* e aplica a imobilização de *nikyo*.

Yokomen-uchi Dai-nikyo (irimi) ura

①-③ Assim que o *uke* avança para golpear com *yokomen* com seu *tegataná* direito, o *tori* avança para a frente à esquerda com o pé esquerdo enquanto aplica um *atemi* com a mão direita e neutraliza o ataque com seu *tegataná* esquerdo.

④-⑥ O *tori* gira sobre o seu pé direito enquanto controla o pulso e o cotovelo direito do *uke*; o *tori* então aplica a chave de *nikyo ura* no pulso direito do *uke*.

⑦-⑧ O *tori* gira sobre o seu pé direito novamente, levando o *uke* ao chão com o rosto para baixo. O *tori* trava o braço direito e o ombro do *uke* com seus *tegataná* e aplica a imobilização de *nikyo*.

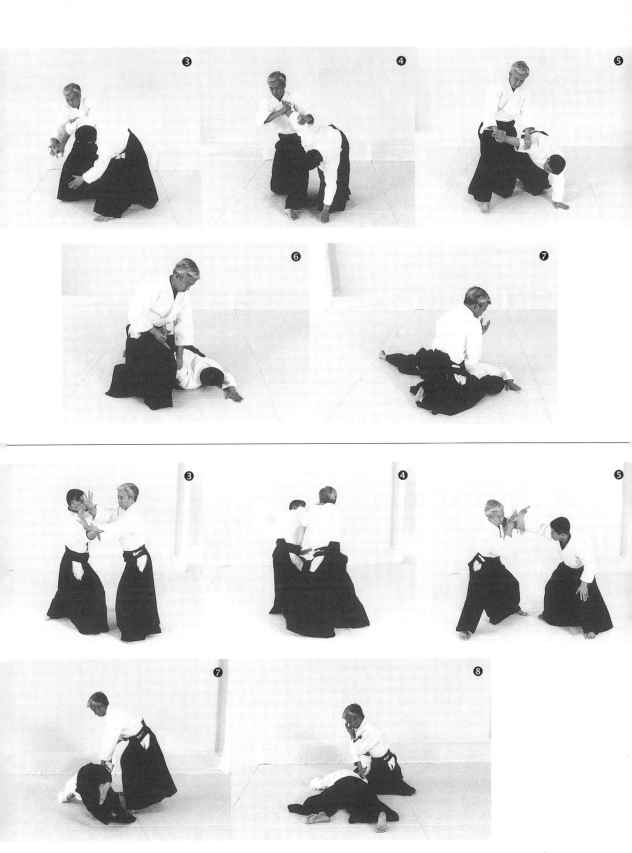

Yokomen-uchi Dai-nikyo (tenshin) omote

①-③ Assim que o *uke* avança para golpear com *yokomen* com seu *tegataná* direito, o *tori* avança para a frente com o pé direito enquanto aplica um *atemi* com a mão direita e faz um movimento de *yokomen* com seu *tegataná* esquerdo, levando o *uke* para a frente.

④-⑤ O *tori* levanta seu *tegataná* direito e avança, enquanto controla o cotovelo e o pulso direito do *uke* com a chave de *nikyo omote* e corta para baixo.

⑥-⑦ O *tori* leva o *uke* ao chão com o rosto para baixo, trava o braço e o ombro direito do *uke* com seus *tegataná* e aplica a imobilização de *nikyo*.

Yokomen-uchi Dai-nikyo (tenshin) ura

①-③ Assim que o *uke* avança para golpear com *yokomen* com seu *tegataná* direito, o *tori* avança para a frente com o pé direito enquanto aplica um *atemi* com a mão direita e faz um movimento de *yokomen* com seu *tegataná* esquerdo.

④-⑥ O *tori* levanta seu *tegataná* direito enquanto controla o cotovelo do *uke*, avança para o lado direito do *uke* enquanto gira sobre o seu pé esquerdo, e em seguida aplica a chave de *nikyo ura* no pulso direito do *uke*.

⑦-⑧ O *tori* gira novamente, levando o *uke* ao chão com o rosto para baixo. O *tori* trava o braço e o ombro direito do *uke* com seus *tegataná* e aplica a imobilização de *nikyo*.

107

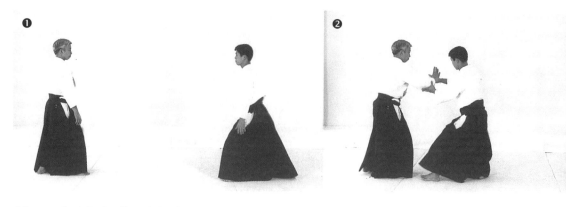

Morote-dori Dai-nikyo (irimi) omote

①-② Assim que o *uke* tenta segurar o pulso direito do *tori* com ambas as mãos, o *tori* levanta seu *tegataná* direito.

③-④ O *tori* abre para sua direita enquanto bloqueia o braço direito do *uke* e controla o pulso e o braço direito do *uke* com a chave de *nikyo omote*; o *tori* então avança para a frente.

⑤-⑥ O *tori* leva o *uke* ao chão com o rosto para baixo, trava o braço e o ombro direito do *uke* e aplica a imobilização de *nikyo*.

Morote-dori Dai-nikyo (irimi) ura

①-② Assim que o *uke* tenta segurar o pulso direito do *tori* com ambas as mãos, o *tori* levanta seu *tegataná* direito.

③-⑤ O *tori* entra no lado direito do *uke* com o pé esquerdo, enquanto controla o pulso do *uke* com a mão esquerda, faz um meio giro e aplica uma variação da chave de *nikyo ura* no pulso direito do *uke*.

⑥-⑦ O *tori* bloqueia com o seu braço direito enquanto gira sobre o seu pé da frente e leva o *uke* ao chão com o rosto para baixo. O *tori* trava o braço e o ombro direito do *uke* e aplica a chave de *nikyo*.

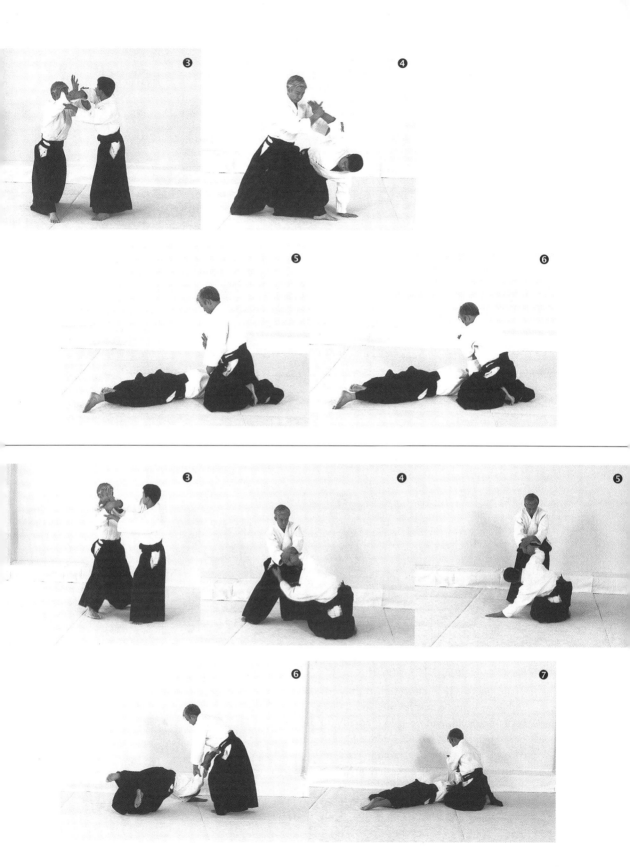

Morote-dori Dai-nikyo (tenkan) omote

①-④ Assim que o *uke* tenta segurar o pulso direito do *tori* com ambas as mãos, o *tori* levanta seu *tegataná* direito, sai para a direita no lado esquerdo do *uke* e gira, enquanto corta para baixo com seu *tegataná* direito, levando o *uke* para a frente. O *tori* controla o pulso esquerdo do *uke*.

⑤-⑦ O *tori* avança enquanto aplica a chave de *nikyo omote* no pulso esquerdo do *uke* e força para baixo o braço do *uke,* levando o *uke* ao chão com o rosto para baixo. O *tori* trava o braço e o ombro esquerdo do *uke* com seus *tegataná* e aplica a imobilização de *nikyo*.

Morote-dori Dai-nikyo (tenkan) ura

①-③ Assim que o *uke* tenta segurar o pulso direito do *tori* com ambas as mãos, o *tori* levanta seu *tegataná* direito e entra com o seu pé direito no lado esquerdo do *uke*.

④-⑤ O *tori* gira sobre o seu pé direito enquanto corta para baixo com seu *tegataná* direito, fazendo o *uke* rodar para a frente e controlando o braço e o pulso esquerdo do *uke*; o *tori* então gira novamente sobre o seu pé direito.

⑥-⑨ O *tori* aplica a chave de *nikyo ura* no pulso esquerdo do *uke*. O *tori* gira sobre o seu pé direito enquanto controla o cotovelo e o pulso esquerdo do *uke*, levando o *uke* ao chão com o rosto para baixo. O *tori* trava o braço e o ombro esquerdo do *uke* e aplica a imobilização de *nikyo*.

111

Kata-dori Shomen-uchi Dai-nikyo (irimi) omote

①-② Assim que o *uke* tenta segurar o ombro direito do *tori* com sua mão esquerda, o *tori* aplica um *atemi* com seu *tegataná* direito. O *uke* bloqueia o ataque com seu *tegataná* direito.

③-④ O *tori* sai para a direita e avança para a frente enquanto corta o braço direito do *uke* para baixo e aplica a chave de *nikyo omote* no pulso direito do *uke*.

⑤-⑥ O *tori* leva o *uke* ao chão com o rosto para baixo, trava o braço e o ombro direito do *uke* e aplica a imobilização de *nikyo*.

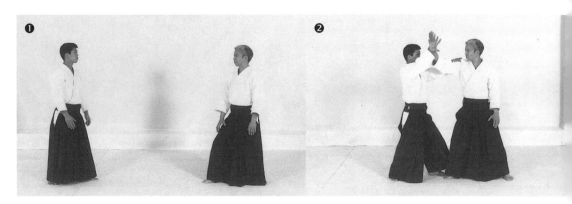

Kata-dori Shomen-uchi Dai-nikyo (irimi) ura

①-② Assim que o *uke* tenta segurar o ombro direito do *tori* com a mão esquerda, o *tori* aplica um *atemi* com seu *tegataná* direito. O *uke* bloqueia o ataque com seu *tegataná* direito.

③-④ O *tori* avança com o pé esquerdo para o lado direito do *uke* e gira enquanto controla o cotovelo e o pulso direito do *uke* cortando-os para baixo.

⑤-⑧ O *tori* aplica a chave de *nikyo ura* no pulso direito do *uke* e o leva ao chão enquanto gira e controla o cotovelo e o pulso do *uke*. O *tori* trava o braço e o ombro direito do *uke* e aplica a chave de *nikyo*.

Kata-dori Shomen-uchi Dai-nikyo (tenkan) omote

①-③ Assim que o *uke* tenta agarrar o ombro direito do *tori* com a mão esquerda, o *tori* aplica um *atemi* com seu *tegataná* direito. O *uke* bloqueia o ataque com seu *tegataná* direito.

④-⑤ O *tori* avança o seu pé direito para o lado esquerdo do *uke* e gira enquanto corta para baixo com seu *tegataná* direito, levando o *uke* para a frente com um movimento circular.

O *tori* dá um passo para trás com o pé direito e controla o cotovelo e o pulso esquerdo do *uke*.

⑥-⑦ O *tori* avança enquanto corta para baixo o braço esquerdo do *uke*, aplicando a chave de *nikyo omote* e levando o *uke* ao chão com o rosto para baixo. O *tori* aplica a imobilização de *nikyo*.

Kata-dori Shomen-uchi Dai-nikyo (tenkan) ura

①-② Assim que o *uke* tenta agarrar o ombro direito do *tori* com a mão esquerda, o *tori* aplica um *atemi* com seu *tegataná* direito. O *uke* bloqueia o ataque com seu *tegataná* direito.

③-⑤ O *tori* avança com o pé direito e gira enquanto corta para baixo com seu *tegataná* direito, levando o *uke* para a frente com um movimento circular. O *tori* controla o cotovelo e o pulso esquerdo do *uke* e gira novamente sobre o seu pé direito.

⑥-⑦ O *tori* aplica a chave de *nikyo ura* no pulso esquerdo do *uke*.

⑧-⑨ O *tori* gira sobre o seu pé direito enquanto controla o cotovelo e o pulso esquerdo do *uke*, cortando para baixo e levando o *uke* ao chão com o rosto para baixo. O *tori* trava o ombro e o braço esquerdo do *uke* e aplica a imobilização de *nikyo*.

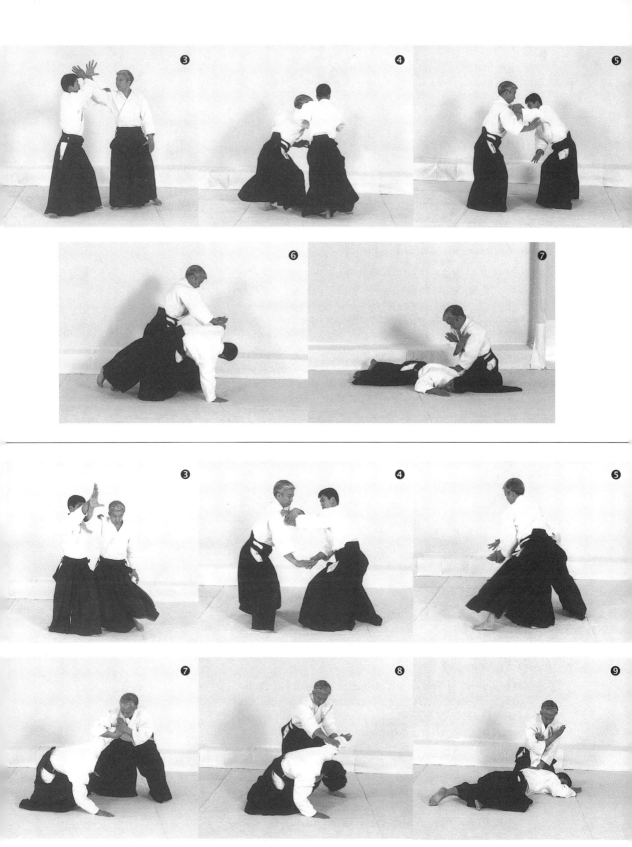

Ushiro Ryokata-dori Dai-nikyo omote

①-④ O *uke* move-se para a frente, bloqueia o braço direito do *tori* com seu *tegataná* direito e agarra os ombros do *tori* por trás. Assim que o *tori* é agarrado, ele dá um passo largo para trás com o pé esquerdo por debaixo dos braços do *uke*.

⑤-⑧ O *tori* agarra o cotovelo e o pulso direito do *uke* e dá um passo à frente enquanto corta para baixo o braço do *uke* aplicando a chave de *nikyo omote* para travar o pulso direito do *uke*, levando o *uke* ao chão com o rosto para baixo. O *tori* trava o ombro e o braço direito do *uke* e aplica a imobilização de *nikyo*.

Ushiro Ryokata-dori Dai-nikyo ura

①-④ O *uke* move-se para a frente, bloqueia o braço direito do *tori* com seu *tegataná* direito e agarra os ombros do *tori* por trás. Assim que o *tori* é agarrado, ele dá um passo largo para trás com o pé esquerdo por debaixo dos braços do *uke*.

⑤-⑥ O *tori* segura a mão e o cotovelo direito do *uke*, gira sobre o seu pé esquerdo, cortando para baixo o braço direito do *uke*.

⑦-⑨ O *tori* aplica a chave de *nikyo ura* no pulso direito do *uke* e gira sobre o seu pé esquerdo, enquanto controla o pulso e o cotovelo do *uke*, levando-o ao chão com o rosto para baixo. O *tori* trava o ombro e o braço direito do *uke* e aplica a imobilização de *nikyo*.

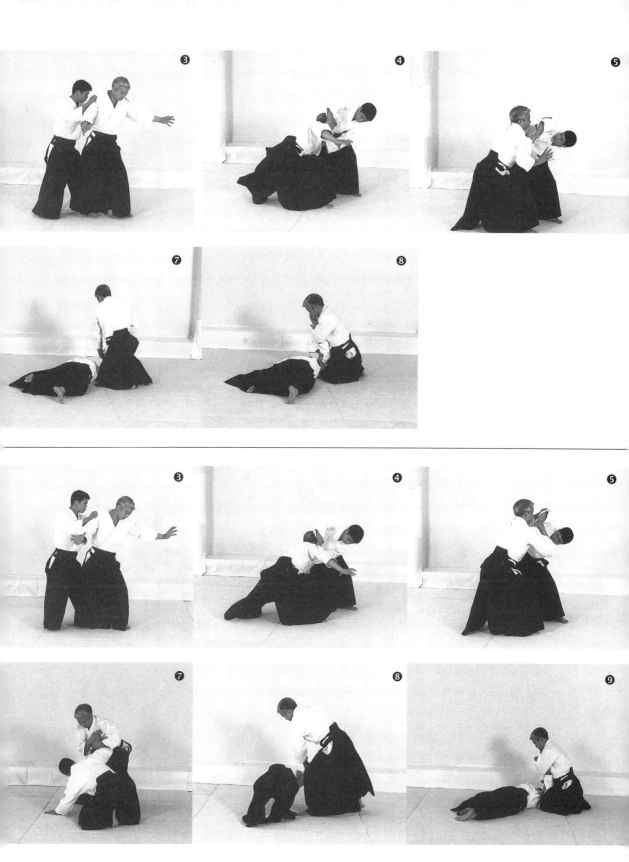
117

Muna-dori Dai-nikyo omote

①-③ Quando o *uke* segura a parte da frente do *dogui* do *tori* com a mão direita, o *tori* aplica um *atemi* com a mão direita e ao mesmo tempo dá um passo para a sua direita.

④-⑥ O *tori* controla o braço direito do *uke* com seu *tegataná* direito, levando o *uke* para baixo. O *tori* segura o cotovelo e o pulso direito do *uke* e dá um passo à frente, enquanto aplica a chave de *nikyo omote* no pulso direito do *uke*, levando o *uke* ao chão com o rosto para baixo.

⑦ O *tori* trava o ombro e o braço direito do *uke* e aplica a imobilização de *nikyo*.

Muna-dori Dai-nikyo ura

①-③ Quando o *uke* segura a parte da frente do *dogui* do *tori* com a mão direita, o *tori* aplica um *atemi* com a mão direita e ao mesmo tempo dá um passo para fora com a perna esquerda.

④-⑥ O *tori* controla o braço direito do *uke* com seu *tegataná* direito, avança com o pé esquerdo e aplica a chave de *nikyo ura* no pulso direito do *uke*.

⑦-⑧ O *tori* leva o *uke* ao chão com o rosto para baixo, trava o ombro e o braço direito do *uke* e aplica a imobilização de *nikyo*.

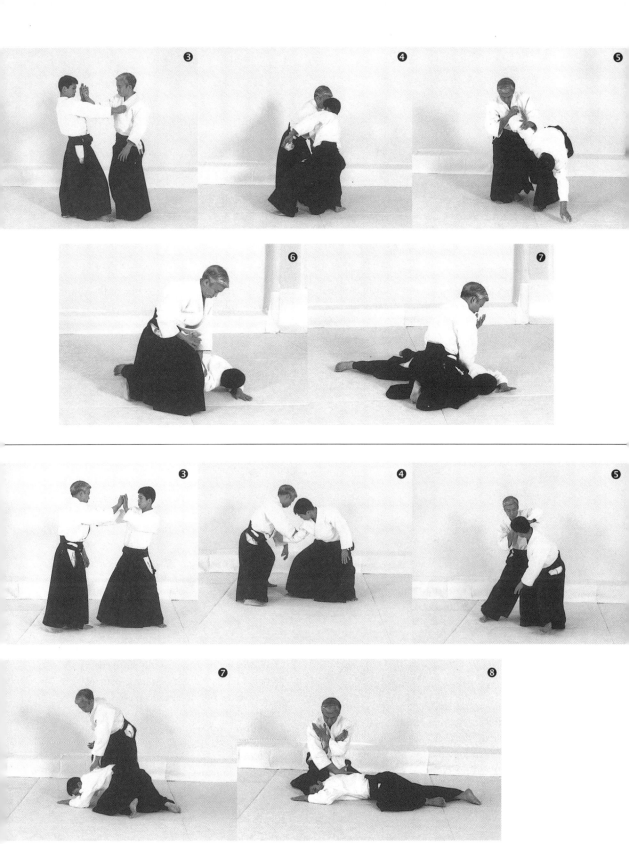

Hanmi-hantachi Shomen-uchi Dai-nikyo omote

①-④ Quando o *uke* ataca com *shomen* com seu *tegataná* direito, o *tori* levanta seus *tegataná* para neutralizar o ataque enquanto sai para a direita. O *tori* então avança e corta para baixo o braço do *uke*, enquanto aplica a chave de *nikyo omote* no pulso direito do *uke*, levando-o ao chão com o rosto para baixo.

⑤ O *tori* trava o ombro e o braço direito do *uke* e aplica a imobilização de *nikyo*.

Hanmi-hantachi Shomen-uchi Dai-nikyo ura

①-③ Quando o *uke* ataca com *shomen* com seu *tegataná* direito, o *tori* levanta seus *tegataná* para neutralizar o ataque enquanto gira sobre o seu joelho esquerdo para a direita, controlando o cotovelo e o pulso direito do *uke*.

④-⑤ O *tori* aplica a chave de *nikyo ura* no pulso direito do *uke*.

⑥-⑦ O *tori* gira novamente enquanto corta para baixo o braço direito do *uke* e controla seu cotovelo e pulso, levando-o ao chão com o rosto virado para baixo. O *tori* trava o ombro e o braço direito do *uke* e aplica a imobilização de *nikyo*.

Nota: As fotos ③ e ④ ilustram como controlar o pulso de seu parceiro, mantendo firme a pressão aplicada durante todo o tempo em que está se movendo para a frente com seus joelhos.

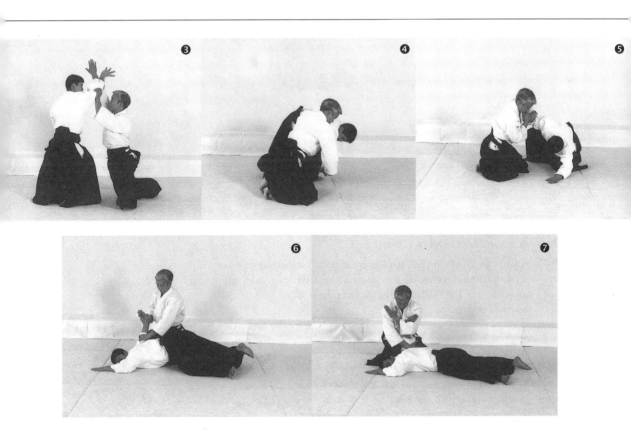

3. DAI-SANKYO

Yokomen-uchi Dai-sankyo (irimi) omote

①-③ Assim que o *uke* avança para golpear com *yokomen* com seu *tegataná* direito, o *tori* avança para a frente à esquerda enquanto aplica um *atemi* com a mão direita e neutraliza o ataque com seu *tegataná* esquerdo.

③-⑤ O *tori* usa seu *tegataná* direito para bloquear o braço direito do *uke*, enquanto controla o cotovelo dele com a mão esquerda e avança com o pé esquerdo. O *tori* então troca de pegada e aplica a chave de *sankyo* na mão direita do *uke*.

⑥-⑧ O *tori* avança à frente do *uke* com o pé direito e gira enquanto corta para baixo o braço direito do *uke* com a mão direita e aplica a chave de *sankyo* na mão direita do *uke* com sua mão esquerda, levando-o ao chão com o rosto para baixo. O *tori* trava o braço direito do *uke*, troca a pegada de mão e aplica a imobilização de *sankyo*.

Yokomen-uchi Dai-sankyo (irimi) ura

①-② Assim que o *uke* avança para golpear com *yokomen* com seu *tegataná* direito, o *tori* dá um passo à esquerda aplicando um *atemi* com a mão direita e neutralizando o ataque com seu *tegataná* esquerdo.

③-⑤ O *tori* controla o cotovelo direito do *uke* com a mão esquerda e o pulso direito do *uke* com a mão direita, enquanto gira sobre o seu pé esquerdo; o *tori* então troca de pegada e aplica a chave de *sankyo* na mão direita do *uke*, com a mão esquerda.

⑥-⑧ O *tori* então gira sobre o seu pé esquerdo atrás do *uke*, enquanto corta para baixo o braço direito do *uke* e aplica a chave de *sankyo*, levando-o ao chão com o rosto para baixo. O *tori* trava o braço direito do *uke*, troca a pegada de mão e aplica a imobilização de *sankyo*.

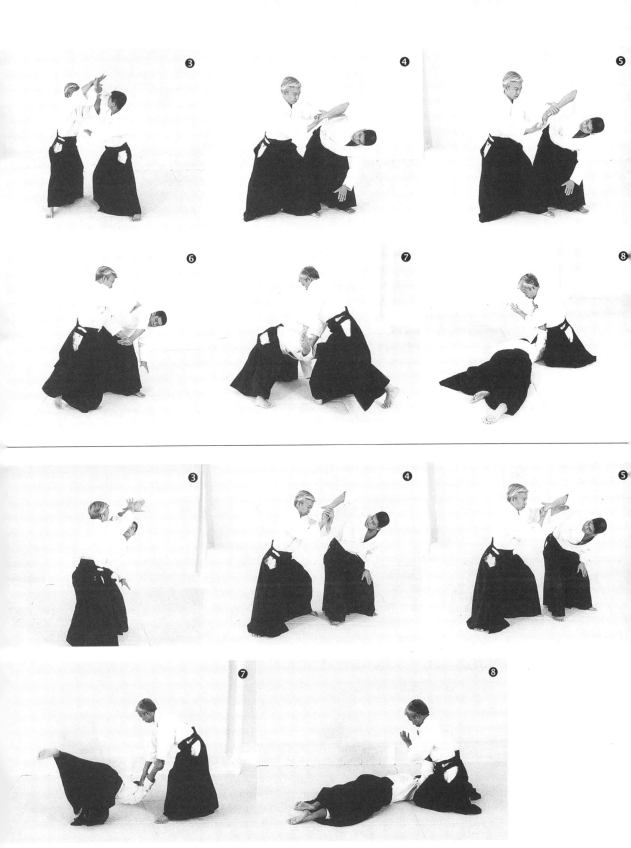

123

Yokomen-uchi Dai-sankyo (tenshin) omote

①-③ Assim que o *uke* avança para golpear com *yokomen* com seu *tegataná* direito, o *tori* avança para a frente com o pé direito e gira, enquanto aplica um *atemi* com a mão direita e faz um movimento de *yokomen* com seu *tegataná* esquerdo.

④-⑤ O *tori* utiliza seu *tegataná* direito para bloquear o braço direito do *uke*, e em seguida avança com o pé esquerdo, enquanto aplica a chave de *sankyo* na mão direita do *uke*.

⑥-⑦ O *tori* avança com o pé direito, troca a pegada de mão e gira enquanto corta para baixo o braço direito do *uke*, aplicando a chave de *sankyo* na mão direita do *uke* e levando-o ao chão com o rosto para baixo.

⑧ O *tori* trava o braço direito do *uke*, troca a pegada de mão e aplica a imobilização de *sankyo*.

Yokomen-uchi Dai-sankyo (tenshin) ura

①-③ Assim que o *uke* avança para golpear com *yokomen* com seu *tegataná* direito, o *tori* avança para a frente com o pé direito e gira, enquanto aplica um *atemi* com a mão direita e faz um movimento de *yokomen* com seu *tegataná* esquerdo.

④-⑤ O *tori* gira sobre o seu pé direito e entra no lado direito do *uke* enquanto controla o cotovelo e o pulso direito do *uke* e aplica a chave de *sankyo* na mão direita do *uke*.

⑥-⑨ Após trocar a pegada de mão, o *tori* gira sobre o seu pé esquerdo, enquanto corta para baixo o braço direito do *uke* e aplica a chave de *sankyo* no braço direito do *uke*, levando-o ao chão com o rosto para baixo. O *tori* trava o braço direito do *uke*, troca a pegada de mão e aplica a imobilização de *sankyo*.

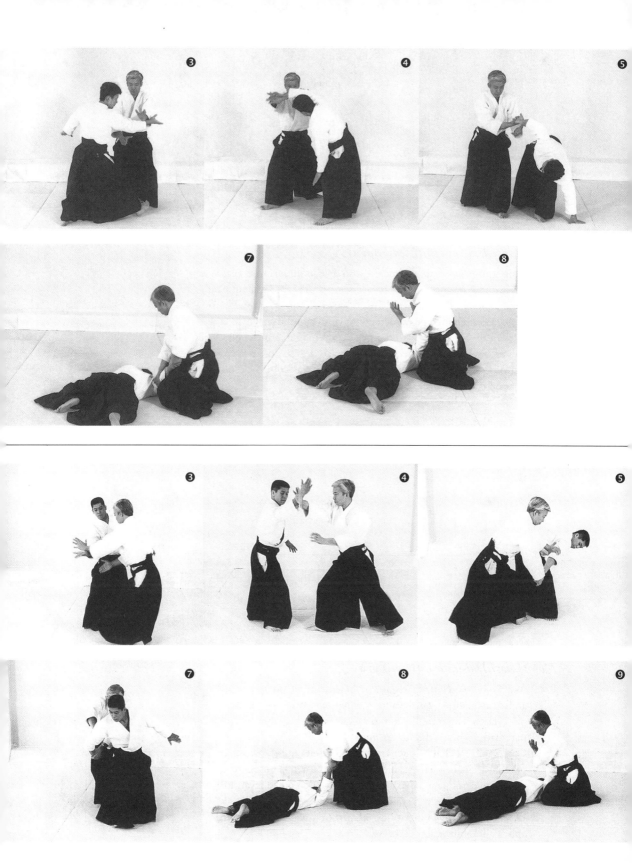

125

Morote-dori Dai-sankyo (irimi) omote

①-③ Assim que o *uke* tenta segurar o pulso direito do *tori* com ambas as mãos, o *tori* levanta seu *tegataná* direito e gira rapidamente para a direita enquanto corta para baixo o braço direito do *uke*.

④-⑦ O *tori* avança com o pé esquerdo enquanto aplica a chave de *sankyo* na mão direita do *uke*, troca a pegada de mão e avança com o pé direito, enquanto corta para baixo o braço direito do *uke* e aplica a chave de *sankyo*. O *tori* dá um passo para trás com o pé direito, levando o *uke* ao chão com o rosto para baixo.

⑧ O *tori* trava o braço direito do *uke*, troca a pegada de mão e aplica a imobilização de *sankyo*.

Morote-dori Dai-sankyo (irimi) ura

①-④ Assim que o *uke* tenta segurar o braço direito do *tori* com ambas as mãos, o *tori* levanta seu *tegataná* direito e dá um passo largo para a frente com o pé esquerdo, enquanto corta para baixo o braço direito do *uke*.

⑤-⑧ O *tori* aplica a chave de *sankyo* na mão direita do *uke*, troca a pegada de mão, e em seguida gira sobre o seu pé esquerdo enquanto corta para baixo e aplica a chave de *sankyo*, levando o *uke* ao chão com o rosto para baixo.

⑨ O *tori* trava o braço direito do *uke*, troca a pegada de mão e aplica a imobilização de *sankyo*.

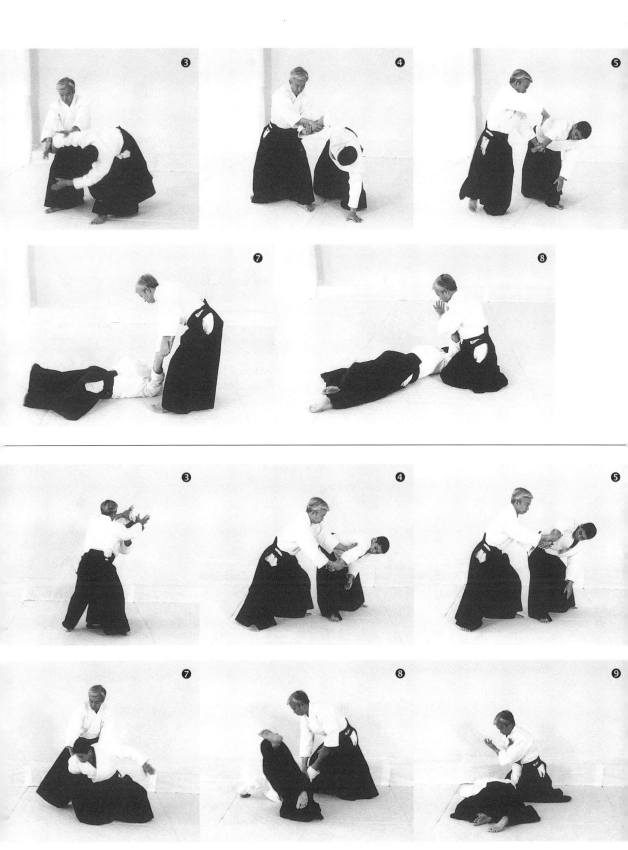

Morote-dori Dai-sankyo (tenkan) omote

①-④ Assim que o *uke* tenta segurar o pulso direito do *tori* com as duas mãos, o *tori* levanta seu *tegataná* direito, avança à direita ao lado do *uke*, gira sobre o seu pé direito, enquanto corta para baixo com seu *tegataná* direito e dá um passo para trás com o pé direito.

⑤-⑥ O *tori* controla o cotovelo e o pulso direito do *uke* e aplica a chave de *sankyo* na mão esquerda do *uke* enquanto dá um passo à frente com o pé direito.

⑦ O *tori* dá um passo à frente novamente, enquanto corta para baixo o braço esquerdo do *uke*, troca a pegada de mão, aplica a chave de *sankyo* com a mão direita e aplica um *atemi* com o punho esquerdo.

⑧-⑨ O *tori* leva o *uke* ao chão com o rosto para baixo, trava o braço esquerdo do *uke*, troca a pegada de mão e aplica a imobilização de *sankyo*.

Morote-dori Dai-sankyo (tenkan) ura

①-③ Assim que o *uke* tenta segurar o pulso direito do *tori* com as duas mãos, o *tori* levanta seu *tegataná* direito, avança à direita ao lado do *uke* e gira.

④-⑤ Após girar com o pé esquerdo, o *tori* avança com o pé direito enquanto aplica a chave de *sankyo* na mão esquerda do *uke*. O *tori* então gira sobre o seu pé direito, enquanto corta para baixo o braço esquerdo do *uke*, trocando a pegada de mão e aplicando a chave de *sankyo* na mão esquerda do *uke*.

⑥-⑦ O *tori* continua a girar, fazendo um movimento circular com o pé esquerdo atrás do *uke*, enquanto corta para baixo o braço do *uke* com a mão esquerda e aplica a chave de *sankyo*, levando o *uke* ao chão com o rosto para baixo.

⑧ O *tori* trava o braço esquerdo do *uke*, troca a pegada de mão e aplica a imobilização de *sankyo*.

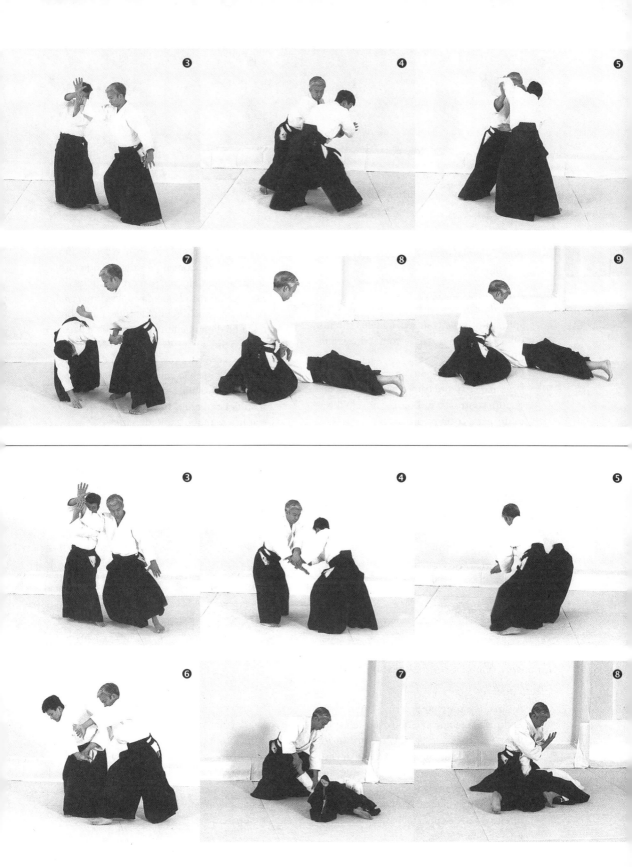

Kata-dori Shomen-uchi Dai-sankyo (irimi) omote

①-② Assim que o *uke* tenta agarrar o ombro direito do *tori* com a mão esquerda, o *tori* aplica um *atemi* com seu *tegataná* direito. O *uke* bloqueia o ataque com seu *tegataná* direito.

③-④ O *tori* abre para a direita e dá um passo largo para a frente com o pé esquerdo, enquanto controla o pulso e o cotovelo direito do *uke* e corta para baixo.

⑤-⑥ Após trocar a pegada de mão, o *tori* dá um passo à frente com o pé direito, enquanto aplica a chave de *sankyo* na mão direita do *uke* com sua mão esquerda e aplica um *atemi* com seu punho direito. Ele então gira sobre o seu pé direito, enquanto corta para baixo o braço direito do *uke* com sua mão direita, dá um passo para trás com seu pé direito e leva o *uke* ao chão com o rosto para baixo.

⑦ O *tori* trava o braço direito do *uke* com seu *tegataná* esquerdo, troca a pegada de mão e aplica a imobilização de *sankyo*.

Kata-dori Shomen-uchi Dai-sankyo (irimi) ura

①-② Assim que o *uke* tenta agarrar o ombro direito do *tori* com a mão esquerda, o *tori* aplica um *atemi* com seu *tegataná* direito. O *uke* bloqueia o ataque com seu *tegataná* direito.

③-④ O *tori* dá um passo largo para a frente com o pé esquerdo, no lado direito do *uke*, enquanto corta para baixo o pulso e cotovelo direito do *uke* e aplica a chave de *sankyo* na mão direita do *uke*.

⑤-⑦ O *tori* troca a pegada de mão e dá um passo largo, com o pé direito, para trás do *uke*, enquanto gira e corta para baixo o braço direito do *uke* com a mão direita, aplicando a chave de *sankyo* e levando o *uke* ao chão.

⑧ O *tori* trava o braço direito do *uke*, troca a pegada de mão e aplica a imobilização de *sankyo*.

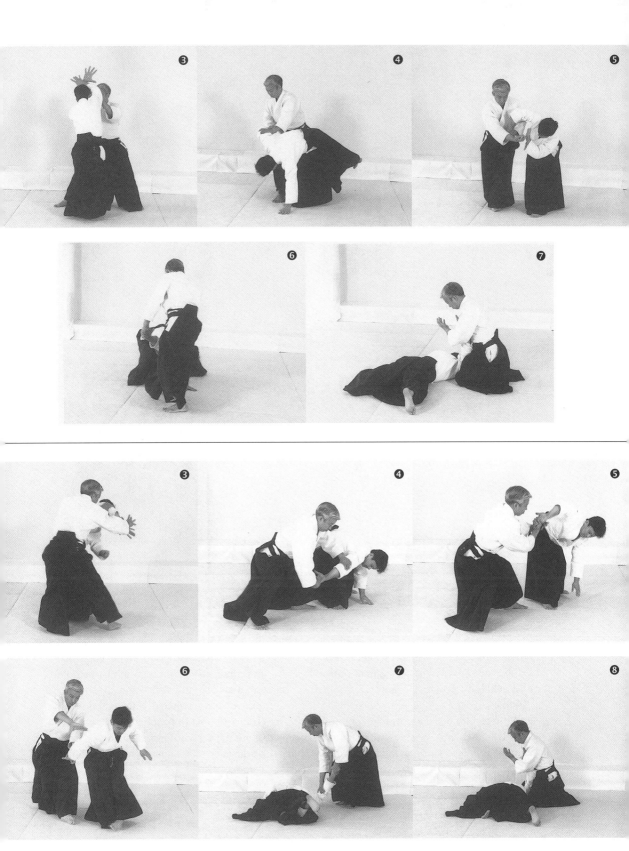

131

Kata-dori Shomen-uchi Dai-sankyo (tenkan) omote

①-② Assim que o *uke* tenta agarrar o ombro direito do *tori* com a mão esquerda, o *tori* aplica um *atemi* com seu *tegataná* direito. O *uke* bloqueia o ataque com seu *tegataná* direito.

③-④ O *tori* gira sobre o seu pé direito, entrando no lado esquerdo do *uke*, enquanto corta para baixo com seu *tegataná* direito, e em seguida dá um passo para trás com o pé direito.

⑤-⑥ O *tori* controla a mão e o cotovelo esquerdo do *uke* e avança com o pé direito enquanto corta para baixo o braço do *uke*.

⑦-⑧ O *tori* troca a pegada de mão no pulso do *uke* e dá um passo para a frente enquanto aplica um *atemi* com o punho esquerdo e aplica a chave de *sankyo* na mão esquerda do *uke*, com sua mão direita, levando-o ao chão com o rosto para baixo.

⑨ O *tori* trava o braço esquerdo do *uke*, troca a pegada de mão e aplica a imobilização de *sankyo*.

Kata-dori Shomen-uchi Dai-sankyo (tenkan) ura

①-② Assim que o *uke* tenta agarrar o ombro direito do *tori* com a mão esquerda, o *tori* aplica um *atemi* com seu *tegataná* direito. O *uke* bloqueia o ataque com seu *tegataná* direito.

③-④ O *tori* faz um movimento circular com o pé esquerdo enquanto corta para baixo com seu *tegataná* direito, fazendo o *uke* rodar para a frente e em seguida dá um passo para trás com o pé direito.

⑤-⑥ O *tori* controla o pulso e o cotovelo esquerdo do *uke* enquanto gira sobre o seu pé direito e avança, entrando no lado esquerdo do *uke*.

⑦-⑧ O *tori* troca a pegada de mão e controla o pulso e o cotovelo esquerdo do *uke*, e em seguida gira sobre o seu pé direito, dando um passo para trás do *uke* enquanto corta para baixo o braço esquerdo do *uke* e aplica a chave de *sankyo* na mão esquerda do *uke*, levando-o ao chão com o rosto para baixo.

⑨ O *tori* trava o braço esquerdo do *uke*, troca a pegada de mão e aplica a imobilização de *sankyo*.

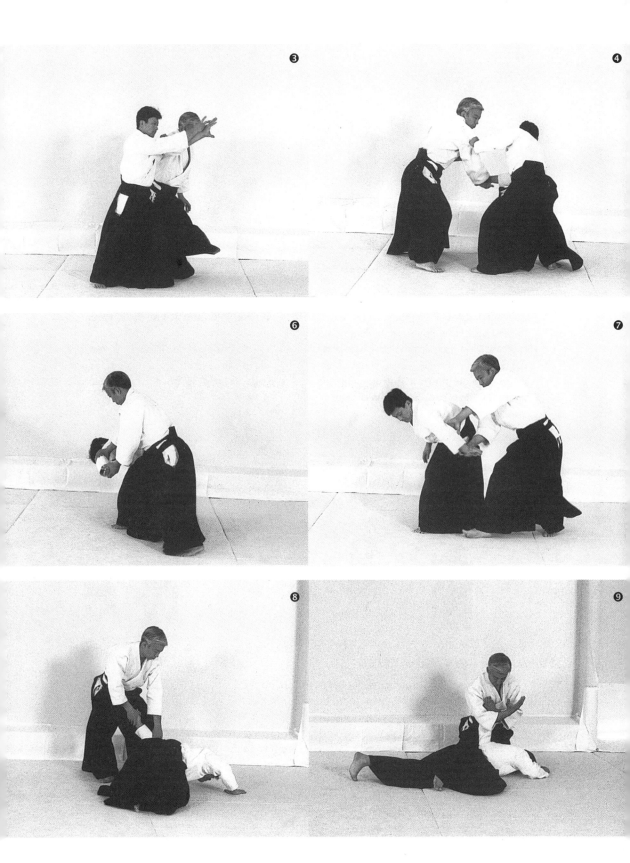

Ushiro Ryokata-dori Dai-sankyo omote

①-⑤ O *uke* move-se para a frente, bloqueia o braço direito do *tori* com seu *tegataná* direito, e agarra os ombros do *tori* por trás. Assim que seus ombros são agarrados, o *tori* levanta seus *tegataná* e dá um passo largo para trás com o pé esquerdo por debaixo dos braços do *uke*; o *tori* então segura o pulso direito do *uke* com a mão esquerda enquanto aplica um *atemi* com seu punho direito.

⑥-⑦ O *tori* dá um meio passo para a frente com o pé direito e gira enquanto corta para baixo o braço direito do *uke* com a mão direita, aplicando a chave de *sankyo* na mão direita do *uke*.

⑧ O *tori* leva o *uke* ao chão com o rosto para baixo, trava seu braço direito, troca a pegada de mão, e aplica a imobilização de *sankyo*.

Ushiro Ryokata-dori Dai-sankyo ura

①-④ O *uke* move-se para a frente, bloqueia o braço direito do *tori* com seu *tegataná* direito e agarra os ombros do *tori* por trás. Assim que seus ombros são agarrados, o *tori* levanta seus *tegataná* e dá um passo largo para trás com o pé esquerdo por debaixo dos braços do *uke*; o *tori* então segura o pulso direito do *uke* com a mão esquerda.

⑤-⑦ O *tori* dá um passo para trás com o pé esquerdo, posiciona-se atrás do lado direito do *uke* e gira enquanto corta para baixo o braço direito do *uke* com a mão direita e aplica a chave de *sankyo* na mão direita do *uke* com a mão esquerda, levando-o ao chão com o rosto para baixo.

⑧ O *tori* então trava o braço direito do *uke*, troca a pegada de mão, e aplica a imobilização de *sankyo*.

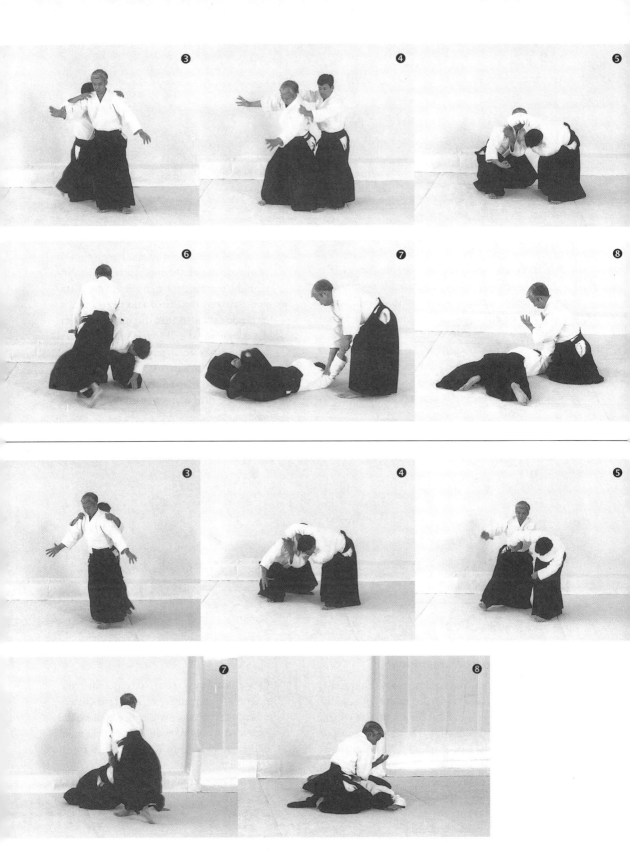

137

Ushiro Kubijime Dai-sankyo omote

①-④ O *uke* move-se para a frente, bloqueia o braço direito do *tori* com seu *tegataná* direito, segura o pulso direito do *tori*, agarra o colarinho do *tori* e tenta sufocá-lo por trás com a mão esquerda. Assim que seus ombros são agarrados, o *tori* levanta seus *tegataná* e dá um passo largo para trás com o pé esquerdo por debaixo dos braços do *uke*. O *tori* então segura o pulso direito do *uke* com a mão esquerda.

⑤-⑥ O *tori* dá meio passo para a frente com o pé direito enquanto aplica um *atemi* com o punho direito, depois gira enquanto corta para baixo o braço direito do *uke* e aplica a chave de *sankyo* na mão direita do *uke* com sua mão esquerda. O *tori* dá um passo para trás com o pé direito, levando o *uke* ao chão com o rosto para baixo.

⑦ O *tori* trava o braço direito do *uke*, troca a pegada de mão e aplica a imobilização de *sankyo*.

Ushiro Kubijime Dai-sankyo ura

①-④ O *uke* move-se para a frente, bloqueia o braço direito do *tori* com seu *tegataná* direito, segura o pulso direito do *uke*, agarra o colarinho do *tori* e tenta sufocá-lo por trás com a mão esquerda. Assim que seus ombros são agarrados, o *tori* levanta seus *tegataná* e dá um passo largo para trás com o pé esquerdo por debaixo dos braços do *uke*. O *tori* então segura o pulso direito do *uke* com a mão esquerda.

⑤-⑥ O *tori* dá um passo com o pé esquerdo para trás do *uke* enquanto gira, corta para baixo o braço direito do *uke* e aplica a chave de *sankyo* na mão direita do *uke* com sua mão esquerda, levando-o ao chão com o rosto para baixo.

⑦ O *tori* trava o braço direito do *uke*, troca a pegada de mão e aplica a imobilização de *sankyo*.

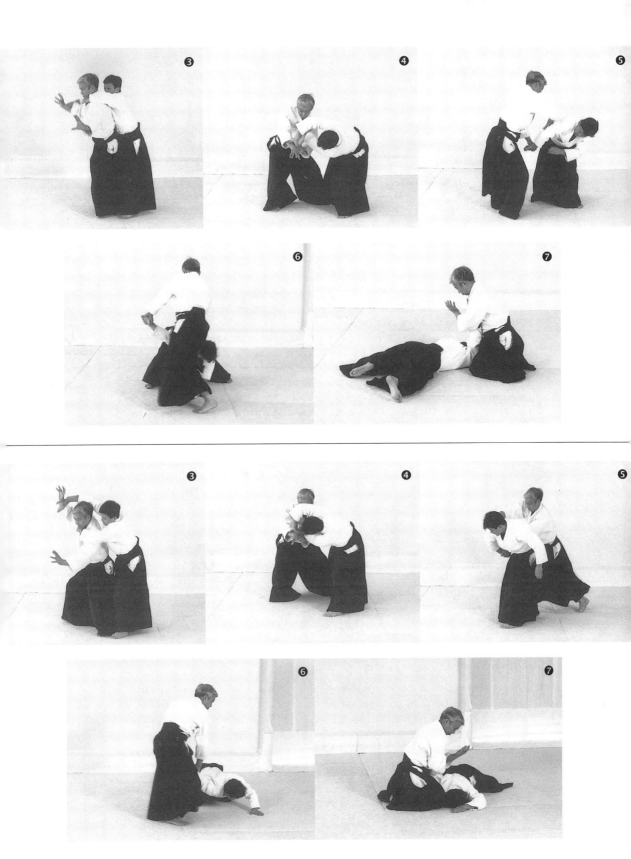

Ushiro Ryohiji-dori Dai-sankyo omote

①-⑤ O *uke* move-se para a frente, bloqueia o braço direito do *tori* com seu *tegataná* direito, e segura os cotovelos do *tori* por trás. Assim que o *tori* é agarrado, levanta seus *tegataná* e dá um passo largo para trás com o pé esquerdo por debaixo dos braços do *uke*. O *tori* então segura o pulso direito do *uke* com a mão esquerda.

⑥-⑦ O *tori* dá meio passo para a frente com o pé direito enquanto aplica um *atemi* com o punho direito, aplicando a chave de *sankyo* na mão direita do *uke* com a mão esquerda. O *tori* gira sobre o seu pé da frente enquanto corta para baixo o braço direito do *uke* com a mão direita, dá mais um passo para trás e leva o *uke* ao chão com o rosto para baixo.

⑧ O *tori* trava o braço direito do *uke*, troca a pegada de mão e aplica a imobilização de *sankyo*.

Ushiro Ryohiji-dori Dai-sankyo ura

①-④ O *uke* move-se para a frente, bloqueia o braço direito do *tori* com seu *tegataná* direito, e segura os cotovelos do *tori* por trás. Assim que o *tori* é agarrado, levanta seus *tegataná* e dá um passo largo para trás com o pé esquerdo por debaixo dos braços do *uke*. O *tori* então segura o pulso direito do *uke* com a mão esquerda.

⑤-⑥ O *tori* coloca-se atrás do *uke* com o pé esquerdo e gira enquanto corta para baixo o braço direito do *uke* com a mão direita, aplica a chave de *sankyo* na mão direita do *uke* e leva-o ao chão com o rosto para baixo.

⑦ O *tori* trava o braço direito do *uke*, troca a pegada de mão e aplica a imobilização de *sankyo*.

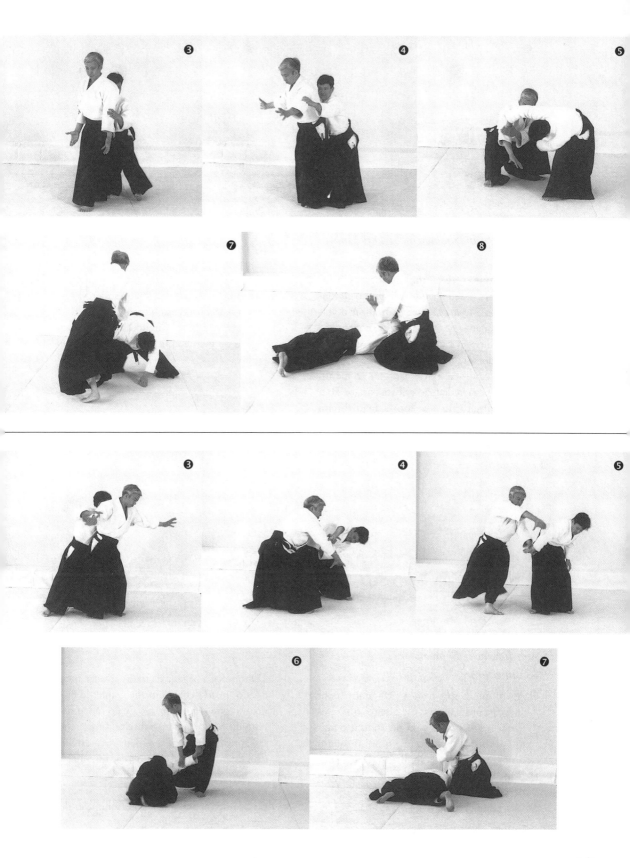

141

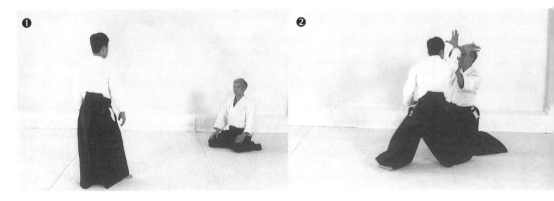

Hanmi-hantachi Shomen-uchi Dai-sankyo omote

①-③ Assim que o *uke* avança para atacar com *shomen* com seu *tegataná* direito, o *tori* levanta seus *tegataná* para neutralizar o ataque enquanto sai para a direita, controlando o cotovelo e o pulso direito do *uke* e cortando para baixo o braço do *uke*.

④-⑤ O *tori* continua a avançar, gira enquanto troca a pegada de mão e corta para baixo o braço direito do *uke* com a mão direita enquanto aplica a chave de *sankyo* na mão direita do *uke* com sua mão esquerda, levando-o ao chão com o rosto para baixo.

⑥-⑦ O *tori* trava o braço direito do *uke*, troca a pegada de mão e aplica a imobilização de *sankyo*.

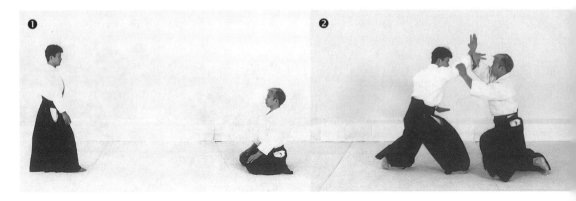

Hanmi-hantachi Shomen-uchi Dai-sankyo ura

①-③ Assim que o *uke* avança para atacar com *shomen* com seu *tegataná* direito, o *tori* levanta seus *tegataná* para neutralizar o ataque, controla o cotovelo e o pulso direito do *uke*, avança no lado direito do *uke* com o joelho esquerdo e gira enquanto corta para baixo o braço direito do *uke*.

④ O *tori* aplica a chave de *sankyo* na mão direita do *uke*.

⑤-⑥ O *tori* troca a pegada da mão e avança para o lado do *uke* com o joelho esquerdo enquanto gira e corta para baixo o braço direito do *uke* com a mão direita. O *tori* então aplica a chave de *sankyo* na mão direita do *uke* com sua mão esquerda, levando-o ao chão com o rosto para baixo.

⑦ O *tori* trava o braço direito do *uke*, troca a pegada de mão e aplica a imobilização de *sankyo*.

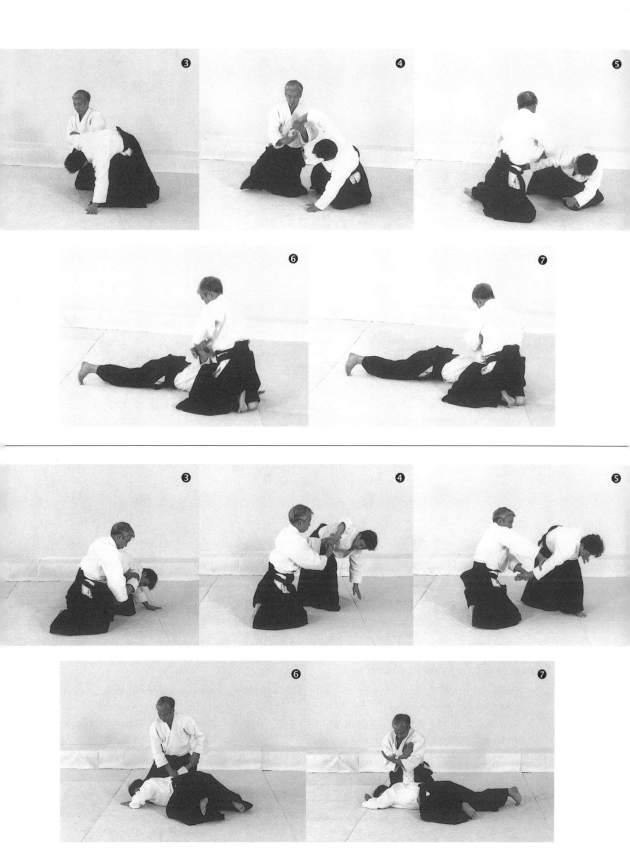

143

4. DAI-YONKYO

Yokomen-uchi Dai-yonkyo (irimi) omote

①-③ Assim que o *uke* avança para golpear com *yokomen* com seu *tegataná* direito, o *tori* sai para fora com o pé esquerdo enquanto aplica um *atemi* com a mão direita e neutraliza o ataque com a mão esquerda.

④-⑦ O *tori* corta para baixo o braço direito do *uke* e avança para a frente enquanto aplica a chave de *yonkyo omote* no pulso do *uke*, levando-o ao chão com o rosto para baixo. O *tori* finaliza com a imobilização de *yonkyo*.

Yokomen-uchi Dai-yonkyo (irimi) ura

①-④ Assim que o *uke* avança para golpear com *yokomen* com seu *tegataná* direito, o *tori* sai para fora com o pé esquerdo enquanto aplica um *atemi* com a mão direita e neutraliza o ataque com seu *tegataná* esquerdo. O *tori* então gira sobre o seu pé esquerdo enquanto controla o pulso e o cotovelo direito do *uke*, cortando-os para baixo.

⑤ O *tori* aplica a chave de *yonkyo ura* na parte interna do pulso do *uke*.

⑥-⑦ O *tori* gira sobre o seu pé esquerdo enquanto corta para baixo o braço direito do *uke*, levando-o ao chão. O *tori* finaliza aplicando a imobilização de *yonkyo*.

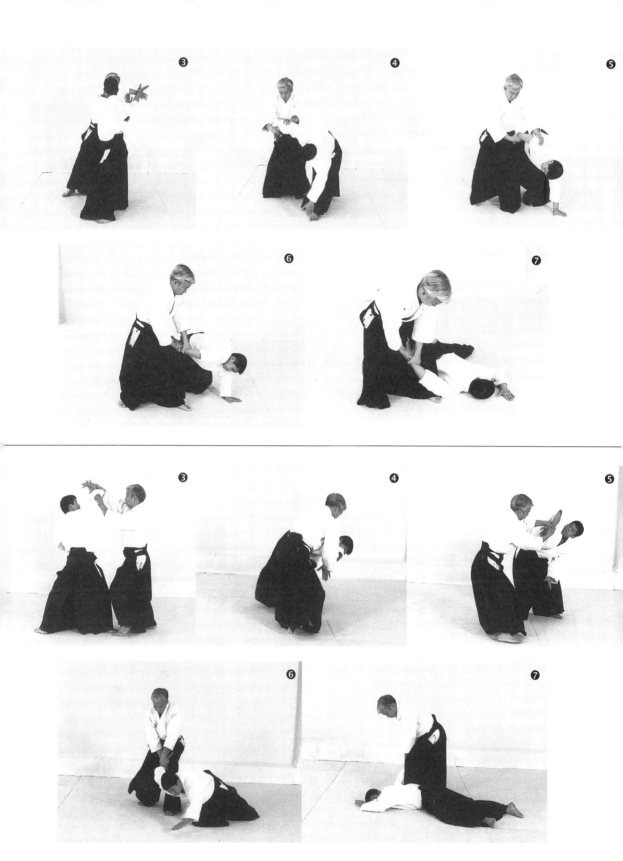

145

Yokomen-uchi Dai-yonkyo (tenshin) omote

①-③ Assim que o *uke* avança para golpear com *yokomen* com seu *tegataná* direito, o *tori* avança para a frente com o pé direito enquanto aplica um *atemi* com a mão direita e faz um movimento de *yokomen* com seu *tegataná* esquerdo, levando o *uke* para a frente.

④-⑦ O *tori* avança e corta para baixo o braço direito do *uke* controlando seu pulso e cotovelo direito e levando-o ao chão com o rosto para baixo. O *tori* aplica a imobilização de *yonkyo omote* no pulso direito do *uke* e completa a técnica.

Yokomen-uchi Dai-yonkyo (tenshin) ura

①-③ Assim que o *uke* avança para golpear com *yokomen* com seu *tegataná* direito, o *tori* avança para a frente com o pé direito enquanto aplica um *atemi* com a mão direita e faz um movimento de *yokomen* com seu *tegataná* esquerdo, levando o *uke* para a frente.

④-⑤ O *tori* bloqueia o *teganatá* direito do *uke* com seu *tegataná* direito, entra no lado direito do *uke* com o pé esquerdo e se move para aplicar a chave de *yonkyo ura* na parte interna do pulso do *uke*.

⑥-⑦ O *tori* empurra o braço direito do *uke* para cima e gira sobre o seu pé esquerdo enquanto corta para baixo, levando o *uke* ao chão com o rosto para baixo.

⑧ O *tori* aplica a imobilização de *yonkyo* no pulso direito do *uke* e completa a técnica.

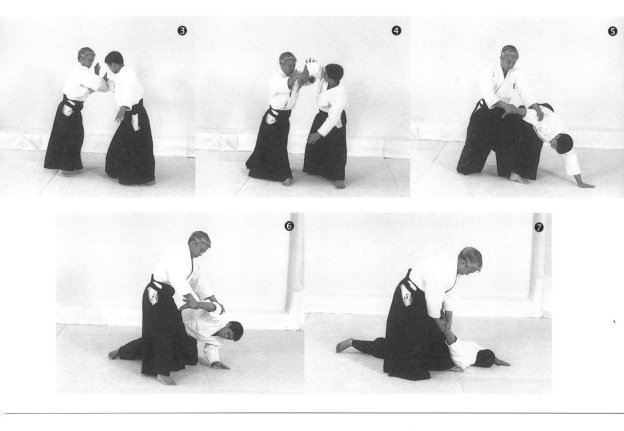
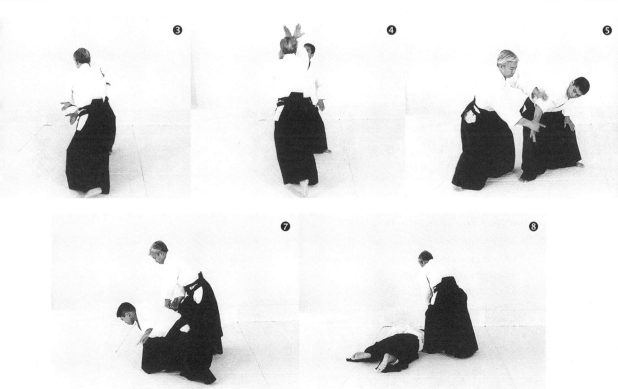

Morote-dori Dai-yonkyo (irimi) omote

①-③ Assim que o *uke* tenta segurar o pulso direito do *tori* com ambas as mãos, o *tori* levanta seu *tegataná* direito e sai para a direita.

④-⑥ O *tori* avança enquanto controla o pulso e o cotovelo direito do *uke*, cortando-os para baixo e levando o *uke* ao chão com o rosto para baixo.

⑦ O *tori* aplica a imobilização de *yonkyo omote* no pulso direito do *uke* para completar a técnica.

Morote-dori Dai-yonkyo (irimi) ura

①-③ Assim que o *uke* tenta segurar o pulso direito do *tori* com ambas as mãos, o *tori* levanta seu *tegataná* direito.

④-⑤ O *tori* avança no lado direito do *uke* com o pé esquerdo e gira, enquanto controla o pulso e o cotovelo direito do *uke*, cortando-os para baixo.

⑥-⑦ O *tori* aplica a chave de *yonkyo ura* na parte interna do pulso do *uke*, levando o *uke* ao chão com o rosto para baixo. O *tori* aplica a imobilização de *yonkyo ura* para completar a técnica.

Foto ⑦ ilustrando a imobilização por outro ângulo.

149

Morote-dori Dai-yonkyo (tenshin) omote

①-⑤ Assim que o *uke* tenta segurar o pulso direito do *tori* com ambas as mãos, o *tori* levanta seu *tegataná* direito e gira sobre o seu pé direito enquanto corta para baixo, conduzindo o *uke* à sua frente. O *tori* segura a mão esquerda do *uke* com sua mão esquerda.

⑥-⑧ O *tori* avança enquanto controla o pulso e o cotovelo esquerdo do *uke*, corta para baixo levando o *uke* ao chão com o rosto para baixo. O *tori* aplica a imobilização de *yonkyo omote* no pulso esquerdo do *uke* para completar a técnica.

Morote-dori Dai-yonkyo (tenshin) ura

①-④ Assim que o *uke* tenta segurar o pulso direito do *tori* com ambas as mãos, o *tori* levanta seu *tegataná* direito e gira sobre o seu pé direito enquanto corta para baixo, conduzindo o *uke* à sua frente.

⑤-⑧ O *tori* gira novamente sobre o seu pé direito enquanto segura o pulso e o cotovelo esquerdo do *uke*. O *tori* aplica a chave de *yonkyo ura* na parte interna do pulso do *uke* e corta para baixo, levando o *uke* ao chão com o rosto para baixo. O *tori* aplica a imobilização de *yonkyo* para finalizar.

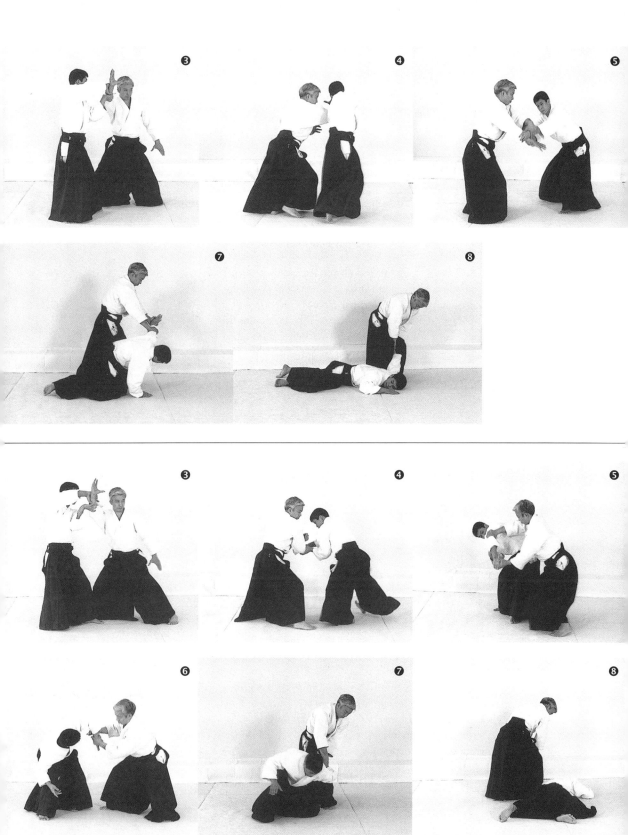

Kata-dori Shomen-uchi Dai-yonkyo (irimi) omote

①-③ Assim que o *uke* tenta agarrar o ombro direito do *tori* com a mão esquerda, o *tori* aplica um *atemi* com seu *tegataná* direito. O *uke* bloqueia o ataque com seu *tegataná* direito.

④-⑧ O *tori* sai para a direita e corta para baixo o braço direito do *uke* enquanto controla o pulso e o cotovelo direito do *uke* e avança, levando-o ao chão com o rosto para baixo. O *tori* aplica a imobilização de *yonkyo omote* no pulso direito do *uke* para finalizar.

Kata-dori Shomen-uchi Dai-yonkyo (irimi) ura

①-③ Assim que o *uke* tenta agarrar o ombro direito do *tori* com a mão esquerda, o *tori* aplica um *atemi* com seu *tegataná* direito. O *uke* bloqueia o ataque com seu *tegataná* direito.

④-⑧ O *tori* dá um passo largo à frente e gira sobre o seu pé esquerdo enquanto controla o pulso e o cotovelo direito do *uke* e corta-os para baixo. O *tori* aplica a chave de *yonkyo ura* na parte interna do pulso direito do *uke* enquanto corta para baixo e leva o *uke* ao chão com o rosto para baixo. O *tori* continua a aplicar a imobilização de *yonkyo* para completar a técnica.

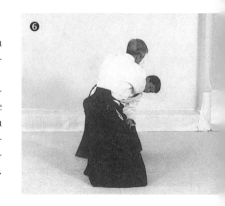

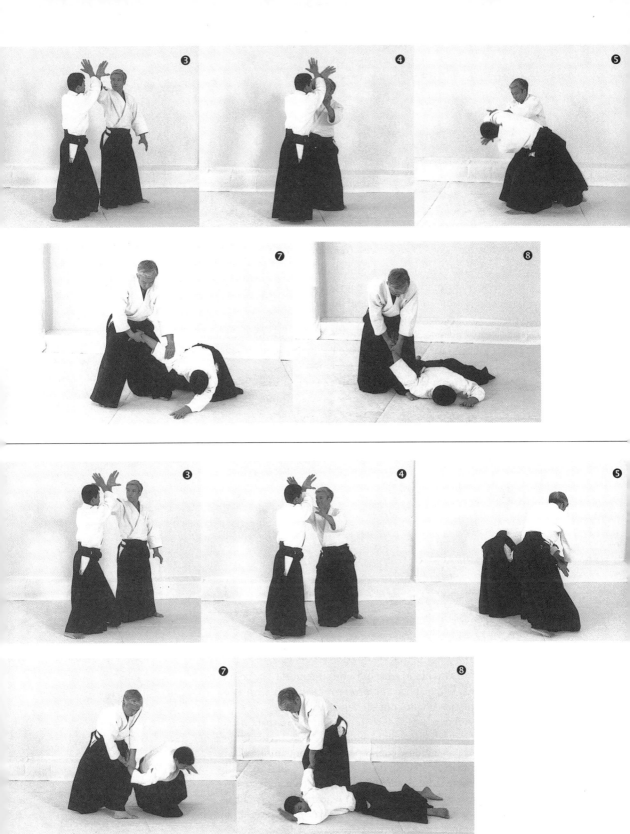

Kata-dori Shomen-uchi Dai-yonkyo (tenkan) omote

①-③ Assim que o *uke* tenta agarrar o ombro direito do *tori* com a mão esquerda, o *tori* aplica um *atemi* com seu *tegataná* direito. O *uke* bloqueia o ataque com seu *tegataná* direito.

④-⑤ O *tori* gira sobre o seu pé direito enquanto corta para baixo com seu *tegataná* direito, conduzindo o *uke* à sua frente. O *tori* então dá um pequeno passo para trás com o pé direito enquanto segura o pulso e o cotovelo esquerdo do *uke*.

⑥-⑧ O *tori* avança para a frente enquanto controla o braço esquerdo do *uke* e corta para baixo, levando-o ao chão com o rosto para baixo. O *tori* aplica a imobilização de *yonkyo omote* no pulso esquerdo do *uke* para finalizar.

Kata-dori Shomen-uchi Dai-yonkyo (tenkan) ura

①-③ Assim que o *uke* tenta agarrar o ombro direito do *tori* com a mão esquerda, o *tori* aplica um *atemi* com seu *tegataná* direito. O *uke* bloqueia o ataque com seu *tegataná* direito.

④-⑤ O *tori* gira sobre o seu pé direito enquanto corta para baixo com seu *tegataná* direito, conduzindo o *uke* à sua frente. O *tori* então avança para a frente com o pé direito enquanto segura o pulso e o cotovelo esquerdo do *uke*.

⑥-⑧ O *tori* gira sobre o seu pé direito novamente enquanto controla o pulso e o cotovelo esquerdo do *uke*, cortando-os para baixo. O *tori* aplica a chave de *yonkyo ura* na parte interna do pulso esquerdo do *uke*, continuando a cortar para baixo, levando o *uke* ao chão com o rosto para baixo. O *tori* aplica a imobilização de *yonkyo ura* para completar a técnica.

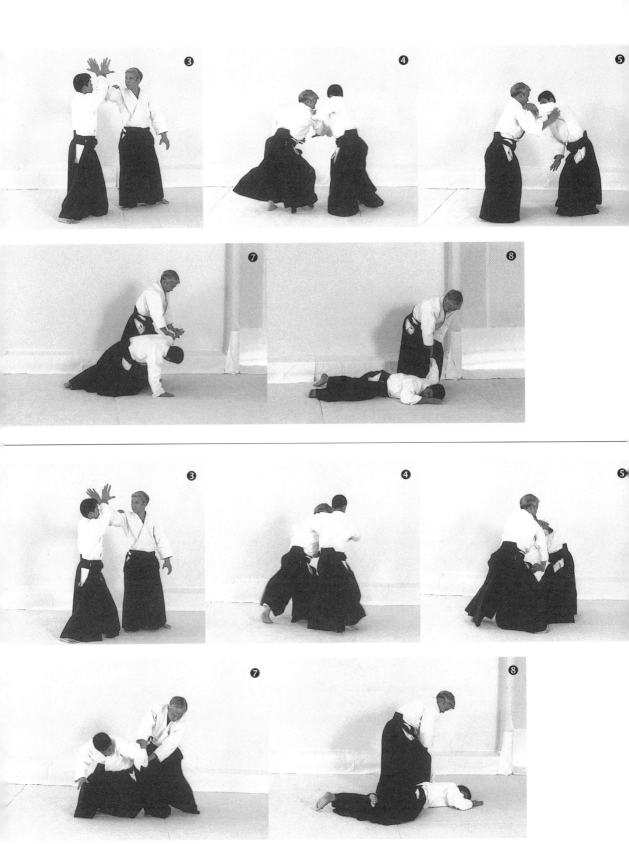

Ushiro Ryokata-dori Dai-yonkyo omote

①-③ O *uke* avança para a frente, bloqueia o pulso direito do *tori* com seu *tegataná* direito e agarra os ombros do *tori* por trás. Assim que seus ombros são agarrados, o *tori* levanta seus *tegataná*.

④-⑧ O *tori* dá um passo largo para trás com o pé esquerdo por debaixo dos braços do *uke* e agarra o cotovelo e o pulso direito do *uke*. O *tori* então avança enquanto corta para baixo o braço direito do *uke*, levando-o ao chão com o rosto para baixo. O *tori* aplica a imobilização de *yonkyo omote* no pulso direito do *uke* para finalizar.

Ushiro Ryokata-dori Dai-yonkyo ura

①-③ O *uke* avança para a frente, bloqueia o pulso direito do *tori* com seu *tegataná* direito e agarra os ombros do *tori* por trás. Assim que seus ombros são agarrados, o *tori* levanta seus *tegataná*.

④-⑤ O *tori* dá um passo largo para trás com seu pé esquerdo por debaixo dos braços do *uke* e segura o pulso e o cotovelo direito do *uke*.

⑥-⑧ O *tori* empurra o braço direito do *uke* para cima e aplica a chave de *yonkyo ura* na parte interna do pulso direito do *uke*, depois gira sobre o seu pé esquerdo enquanto corta para baixo, levando o *uke* ao chão com o rosto para baixo. O *tori* continua aplicando a imobilização de *yonkyo ura* para finalizar.

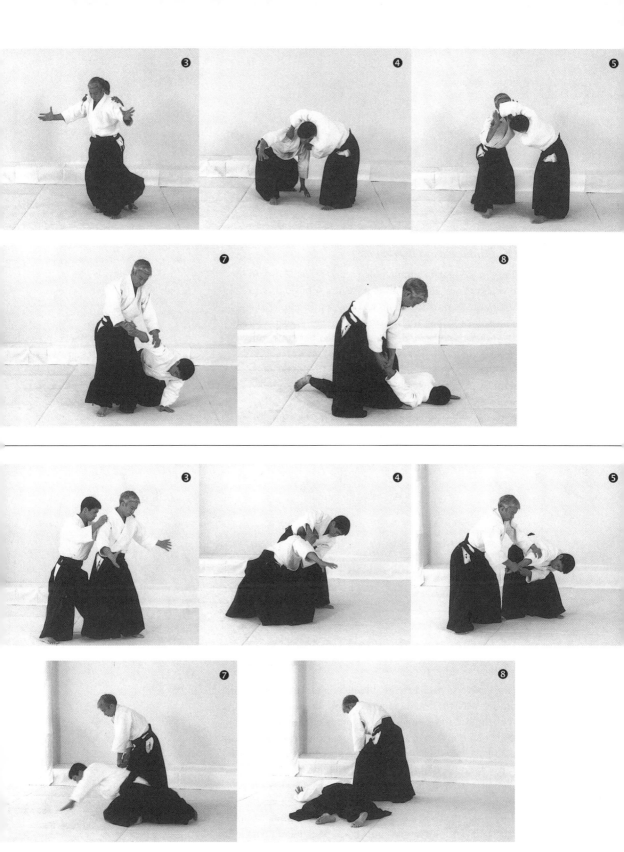

Ushiro Kubijime Dai-yonkyo omote

①-④ O *uke* move-se para a frente, bloqueia o *tegataná* direito do *tori* com seu *tegataná* direito, segura o pulso direito do *tori,* agarra o colarinho do *tori* com a mão esquerda e tenta sufocá-lo por trás. Assim que o *tori* é agarrado, levanta seus *tegataná* e dá um passo largo para trás com seu pé esquerdo, por debaixo dos braços do *uke*.

⑤-⑦ O *tori* então segura o pulso e o cotovelo direito do *uke* e dá um passo à frente enquanto corta para baixo o braço direito do *uke*, levando-o ao chão com o rosto para baixo. O *tori* aplica a imobilização de *yonkyo omote* no pulso direito do *uke* para finalizar.

Ushiro Kubijime Dai-yonkyo ura

①-④ O *uke* move-se para a frente, bloqueia o braço direito do *tori* com seu *tegataná* direito, segura o pulso direito do *tori,* agarra o colarinho do *tori* com a mão esquerda e tenta sufocá-lo por trás. Assim que o *tori* é agarrado, levanta seus *tegataná* e dá um passo largo para trás com seu pé esquerdo, por debaixo dos braços do *uke* e controla o cotovelo e o pulso direito do *uke*. O *tori* aplica a chave de *yonkyo ura* na parte interna do pulso direito do *uke*.

⑥-⑦ O *tori* corta para baixo o braço direito do *uke* enquanto aplica a chave de *yonkyo ura*, gira sobre o seu pé esquerdo para levar o *uke* ao chão, e continua a aplicar a chave para finalizar a imobilização.

Hanmi-hantachi Shomen-uchi
Dai-yonkyo omote

①-④ Assim que o *uke* avança para atacar com *shomen* com seu *tegataná* direito, o *tori* levanta seus *tegataná* para neutralizar o ataque, avança profundamente enquanto controla o cotovelo e o pulso direito do *uke* e corta-os para baixo, levando o *uke* ao chão com o rosto para baixo.

⑤-⑥ O *tori* aplica a chave de *yonkyo omote* no pulso direito do *uke* para finalizar a imobilização.

Hanmi-hantachi Shomen-uchi
Dai-yonkyo ura

①-④ Assim que o *uke* avança para atacar com *shomen* com seu *tegataná* direito, o *tori* levanta seus *tegataná* para neutralizar o ataque, gira sobre o seu joelho esquerdo enquanto controla o cotovelo e o pulso direito do *uke,* e corta para baixo o braço direito do *uke*.

⑤-⑦ O *tori* aplica a imobilização de *yonkyo ura* na parte interna do pulso direito do *uke* e corta-lhe o braço para baixo, levando o *uke* ao chão com o rosto para baixo. O *tori* continua a aplicar a chave de *yonkyo ura* para completar a imobilização.

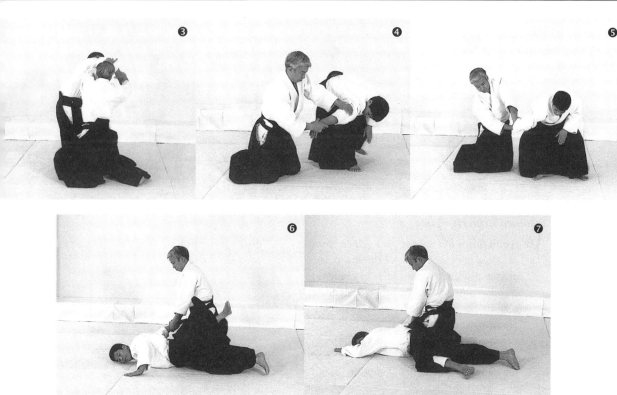

161

5. HIJI-GIME

Hiji-gime, ao contrário das chaves de *nikyo* e *sankyo,* que são aplicadas numa direção natural, é uma chave reversa e forçada aplicada no cotovelo de seu parceiro. Por isso, exige-se um cuidado especial ao praticá-la para evitar contusões em seu parceiro.

Shomen-uchi Hiji-gime

①-② Assim que o *uke* avança para golpear com *shomen* com seu *tegataná* direito, o *tori* avança no lado direito do *uke,* levanta seu *tegataná* direito para neutralizar o ataque, e controla o cotovelo e o pulso direito do *uke.*

③-⑦ O *tori* gira sobre o seu pé esquerdo enquanto corta o braço direito do *uke* para baixo, segura firmemente a mão e o pulso direito do *uke,* e aplica a chave de *hiji-gime* no cotovelo direito do *uke.*

Yokomen-uchi Hiji-gime

①-③ Assim que o *uke* avança para golpear com *yokomen* com seu *tegataná* direito, o *tori* avança profundamente no lado esquerdo do *uke* enquanto aplica um *atemi* com a mão direita e neutraliza o ataque com seu *tegataná* esquerdo.

④-⑦ O *tori* gira sobre o seu pé esquerdo enquanto controla a mão e o pulso direito do *uke,* segura firmemente a mão e o pulso direito do *uke,* e aplica a chave de *hiji-gime* no cotovelo direito do *uke.*

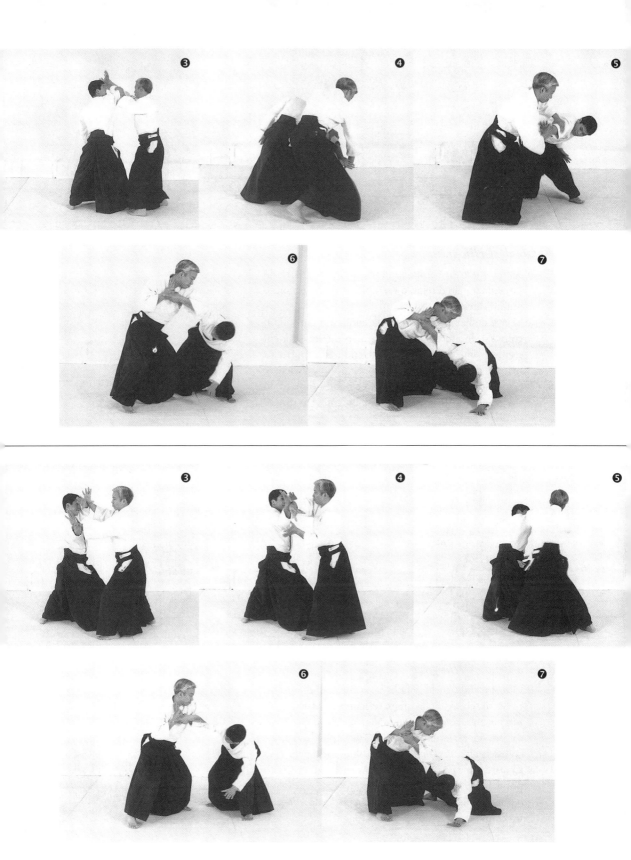

Katate-dori Hiji-gime

①-② Assim que o *uke* tenta segurar o pulso esquerdo do *tori* com a mão direita, o *tori* aplica um *atemi* com o punho direito.

③-⑤ O *tori* desliza para a esquerda enquanto controla o cotovelo direito do *uke* com a mão direita, gira em seguida sobre o seu pé esquerdo, enquanto controla a mão e o pulso direito do *uke,* cortando-os para baixo.

⑥-⑦ O *tori* segura firmemente a mão e o pulso direito do *uke* e aplica a chave de *hiji-gime* no cotovelo direito do *uke*.

Ushiro Eri-dori Hiji-gime

①-④ O *uke* avança, corta para baixo o *tegataná* direito do *tori* com seu *tegataná* direito, e agarra o colarinho do *tori* por trás, com sua mão esquerda. Assim que o *tori* é agarrado, ele levante seus *tegataná* e aplica um *atemi* com seu *tegataná* direito, que é bloqueado pelo *uke*.

⑤-⑧ O *tori* dá um passo largo para trás com seu pé direito por debaixo dos braços do *uke,* controla o cotovelo e o pulso esquerdo do *uke,* e aplica a chave de *hiji-gime* no cotovelo esquerdo do *uke*.

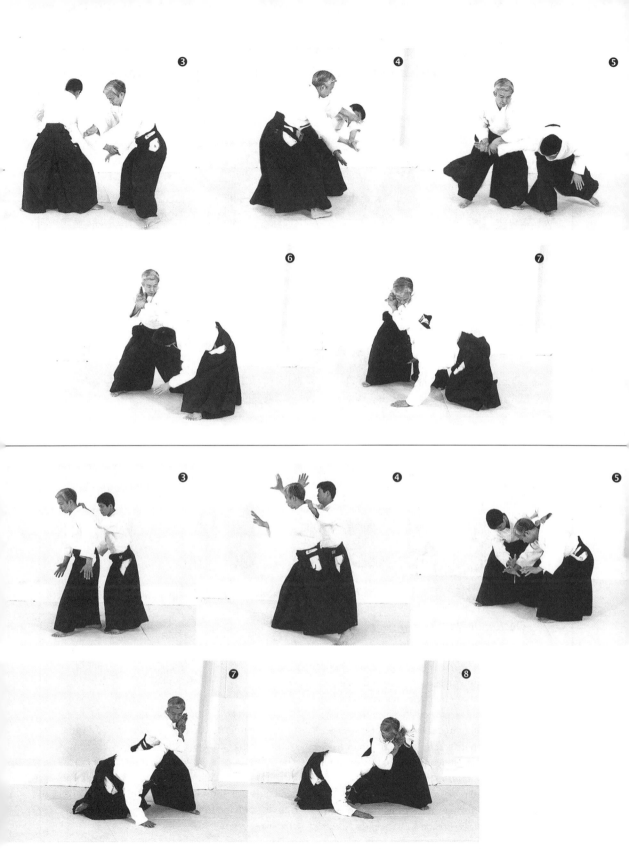

165

Da Técnica Básica para a Técnica Avançada e para as Variações

Katate-dori Kaiten-nage (uchi-kaiten)

Katate-dori Koshi-nage

De *Katate-dori Kaiten-nage* para *Katate-dori Koshi-nage*

Em *katate-dori kaiten-nage* você normalmente avança completamente e força a nuca de seu parceiro para dar maior eficiência ao arremesso, mas também é possível arremessá-lo para a frente imediatamente após a virada, fazendo *kokyu-nage*.

Outra alternativa seria avançar diretamente por entre as pernas de seu parceiro, transformando a técnica em *koshi-nage*.

O uso de seus *tegataná* e movimentos corporais de várias formas, dará origem a um sem-número de técnicas – essa é a essência do Aikido.

Koshi-nage também pode ser aplicado a partir de movimentos de *ikkyo* e *shiho-nage* de várias outras formas criativas. Procure pelos elementos que englobam e envolvem todas as técnicas introduzidas neste livro, em vez de procurar suas características individuais; só assim será possível treinar de maneira progressivamente avançada e criativa.

CAPÍTULO QUATRO

Desarmamentos

1. TANTO-DORI

Tanto-dori (zagi shomen-uchi dai-gokyo) omote

①-② Assim que o *uke* avança para golpear com a faca em *shomen* com a mão direita, o *tori* abre para a esquerda e controla o braço direito do *uke*.

③-⑥ O *tori* segura o pulso direito do *uke* firmemente por debaixo enquanto controla seu cotovelo direito, depois dá um passo à frente enquanto corta o braço direito do *uke* para baixo, levando o *uke* ao chão com o rosto para baixo.

⑦-⑨ O *tori* tira a faca do poder do *uke* aplicando a chave de *gokyo*.

Tanto-dori (zagi shomen-uchi dai-gokyo) ura

①-② Assim que o *uke* avança para golpear com a faca em *shomen* com a mão direita, o *tori* abre para a esquerda e controla o cotovelo direito do *uke*.

③-⑦ O *tori* gira sobre o seu joelho esquerdo enquanto controla o cotovelo direito do *uke* e segura firmemente o pulso direito do *uke* por debaixo, em seguida corta-os para baixo, levando o *uke* ao chão com o rosto para baixo.

⑧-⑨ O *tori* tira a faca do poder do *uke* aplicando a chave de *gokyo*.

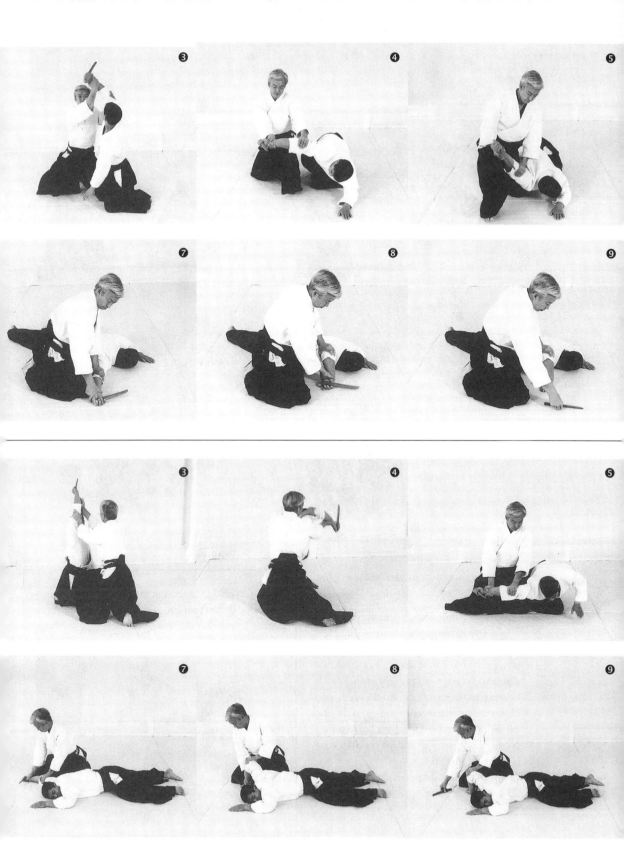

169

Tanto-dori (yokomen-uchi dai-gokyo)
omote

①-③ Assim que o *uke* avança para golpear com a faca em *yokomen* com a mão direita, o *tori* abre para a esquerda enquanto aplica um *atemi* com a mão direita e neutraliza o ataque com seu *tegataná* esquerdo.

④-⑦ O *tori* segura o pulso direito do *uke* firmemente por debaixo com sua mão direita, enquanto avança e corta para baixo o braço direito do *uke*, levando-o ao chão com o rosto para baixo.

⑧-⑩ O *tori* tira a faca do poder do *uke* aplicando a chave de *gokyo*.

Nota: Certifique-se de que está segurando o braço de ataque de seu parceiro bem firme, colocando sua pegada acima da mão que o bloqueia.

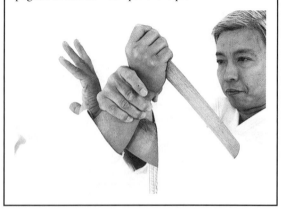

Nota: Enquanto desliza sobre os joelhos, mantenha a pressão na junta da mão de seu parceiro, na base do dedão, com seu dedo indicador, levante o braço de seu parceiro até um ângulo de 90°, e aplique a chave de *gokyo* em seu pulso, obrigando-o a soltar a faca.

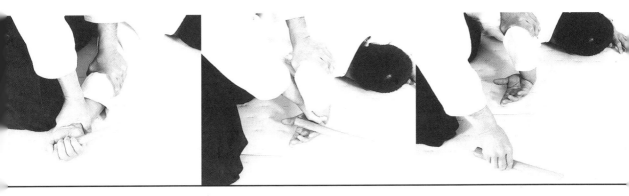

Tanto-dori (yokomen-uchi dai-gokyo) ura

①-⑧ Assim que o *uke* avança para golpear com a faca em *yokomen* com sua mão direita, o *tori* move-se com o pé esquerdo para o lado direito do *uke* e neutraliza o ataque com seu *tegataná* esquerdo. O *tori* segura o pulso direito do *uke* firmemente por debaixo com sua mão direita, e gira sobre o seu pé esquerdo enquanto controla o braço direito do *uke* e corta-o para baixo, levando o *uke* ao chão com o rosto para baixo.

⑨-⑪ O *tori* tira a faca do poder do *uke* aplicando a chave de *gokyo*.

Nota: Também é possível fazer com que seu parceiro solte a faca apertando sua mão e aplicando pressão na base de seu dedão com a base de seu dedo indicador, como mostramos, enquanto desliza seus joelhos em direção ao corpo dele.

Tanto-dori (yokomen-uchi shiho-nage)

①-⑤ Assim que o *uke* avança para golpear com a faca em *yokomen*, o *tori* dá um sobrepasso à frente com o pé direito, enquanto aplica um *atemi* com a mão direita e neutraliza o ataque com seu *tegataná* esquerdo. O *tori* então corta para baixo, trazendo o *uke* para sua frente. O *tori* segura firmemente o pulso direito do *uke* com ambas as mãos.

⑥-⑨ O *tori* avança com o pé esquerdo, gira sobre ambos os pés e corta para baixo para aplicar *shiho-nage*. O *tori* imobiliza o *uke* firmemente no chão, enquanto controla o pulso e o cotovelo do *uke* com a mão direita e retira a faca de sua mão esquerda.

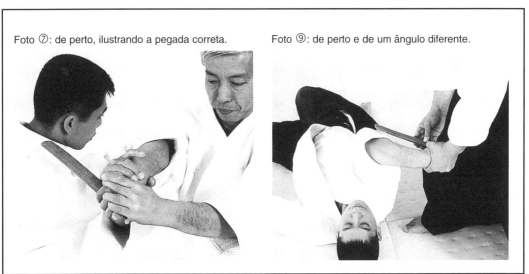

Foto ⑦: de perto, ilustrando a pegada correta.

Foto ⑨: de perto e de um ângulo diferente.

Tanto-dori (tsuki ude-nobashi)

①-② Quando o *uke* avança para golpear com a faca em *tsuki*, o *tori* imediatamente dá um passo para a esquerda, entrando no lado direito do *uke*, enquanto controla o ataque com seu *tegataná* esquerdo.

③-⑥ O *tori* segura firmemente o pulso direito do *uke*, controla seu cotovelo direito e dá dois passos largos para trás em diagonal enquanto pressiona para baixo o cotovelo direito do *uke*, levando-o ao chão com o rosto para baixo e imobilizando seu cotovelo.

Nota: Vire a mão com a qual seu parceiro está atacando para fora como mostram os *close-ups* ③ e ④. Imobilize seu cotovelo como mostra a foto ⑥.

Close-up ③

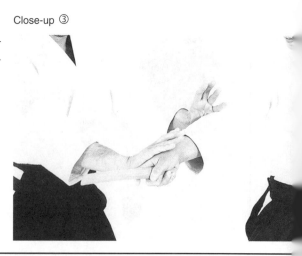

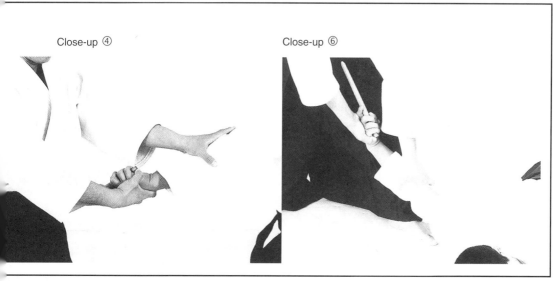

Close-up ④   Close-up ⑥

177

Tanto-dori (tsuki kote-gaeshi)

①-② Quando o *uke* avança para golpear com a faca em *tsuki*, o *tori* imediatamente dá um passo para a esquerda, entrando no lado direito do *uke*, enquanto controla o ataque com seu *tegataná* esquerdo.

③-⑤ O *tori* aplica a chave de *kote-gaeshi* na mão direita do *uke* enquanto gira sobre o seu pé esquerdo, e em seguida dá um passo para trás enquanto corta para baixo, levando o *uke* ao chão.

⑥ O *tori* vira o *uke* com o rosto para baixo controlando seu braço, aplica pressão para baixo no ombro e no pulso direito do *uke* com seu joelho esquerdo, e retira a faca.

Nota: Pressione para baixo o pulso e o ombro de seu parceiro simultaneamente, para fazê-lo soltar a faca da mão dele.

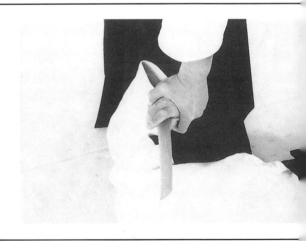

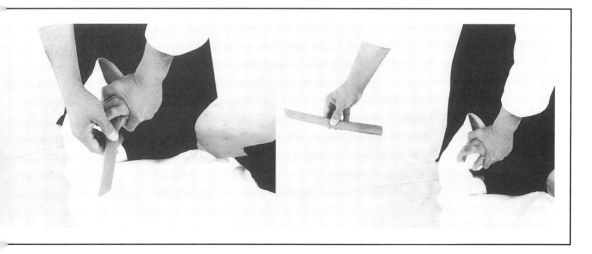

179

Tanto-dori (tsuki hiji-gime)

①-② Quando o *uke* avança para golpear com *tsuki* com uma faca, o *tori* imediatamente dá um passo para a esquerda, entrando no lado direito do *uke*, enquanto controla o ataque com seu *tegataná* esquerdo.

③-⑥ O *tori* segura firmemente o pulso direito do *uke* com a mão esquerda, torce o braço dele para cima enquanto segura a mão e o pulso do *uke* com ambas as mãos, e aplica a chave de *hiji-gime* no cotovelo direito do *uke* e retira a faca do seu poder.

Nota: Utilize completamente seu *tegataná* para evitar o ataque com faca em *tsuki*, como ilustra a foto ②, e em seguida use seu pé esquerdo para aplicar o nível correto no braço de seu parceiro, evitando assim que ele siga atacando.

Foto ④: visto de perto.

181

2. JO-DORI

Nas técnicas para desarmar bastões curtos, movimentos precisos, distância apropriada e sincronização perfeita são essenciais. Utilize a força do ataque de seu parceiro e a força de seu corpo inteiro quando executar essas técnicas.

Jo-dori (irimi-nage)

①-② Quando o *uke* avança para golpear com o *jo* em *tsuki*, o *tori* entra com seu pé direito no lado esquerdo do *uke* enquanto aplica um *atemi* com seu punho direito.

③-⑤ O *tori* segura o *jo* com a mão esquerda e usa seu *tegataná* direito para cortar para cima e depois para baixo, para então arremessar o *uke* para trás.

Foto ②: mostrado de um ângulo diferente, ilustrando a entrada.

Foto ① e ②: mostrado de um ângulo diferente, também ilustrando a entrada.

Jo-dori (shiho-nage)

①-② Quando o *uke* avança para golpear com o *jo* em *tsuki*, o *tori* entra com seu pé direito no lado esquerdo do *uke* enquanto aplica um *atemi* com seu punho direito.

③-⑥ O *tori* segura o *jo* com ambas as mãos, avança com seu pé esquerdo enquanto levanta o *jo*, em seguida gira sobre ambos os pés e corta para baixo com *shiho-nage*.

* Seu parceiro deverá soltar o *jo* quando estiver caindo ao chão, para evitar que bata a cabeça.

Jo-dori (kote-gaeshi)

①-② Quando o *uke* avança para golpear com o *jo* em *tsuki*, o *tori* entra com seu pé direito no lado esquerdo do *uke* enquanto aplica um *atemi* com seu punho direito.

③-⑤ O *tori* gira sobre o seu pé direito, conduzindo o *uke* à sua frente; em seguida dá um passo para trás com o pé direito e aplica a chave de *kote-gaeshi* no pulso direito do *uke*, cortando para baixo.

⑥-⑦ O *tori* leva o *uke* ao chão com o rosto para baixo, imobiliza o ombro e o pulso direito do *uke*, e retira o *jo* de seu poder (da mesma forma usada em *tanto-dori kote-gaeshi*).

Jo-dori (juji-garami)

①-② Quando o *uke* avança para golpear com o *jo* em *tsuki*, o *tori* entra no lado esquerdo do *uke* enquanto aplica um *atemi* com a mão direita.

③-⑥ O *tori* segura o *jo* com ambas as mãos, levanta-o cruzando os dois braços do *uke*, e dá um passo largo para a frente, como se estivesse avançando com *tsuki* para baixo, para finalizar o arremesso.

Jo-dori (hiji-gime)

①-② Quando o *uke* entra para golpear com o *jo* em *tsuki*, o *tori* avança no lado esquerdo do *uke* enquanto aplica um *atemi* com a mão direita.

③-⑤ O *tori* segura firmemente a mão e o pulso esquerdo do *uke*, torce seu braço, aplica a chave de *hiji-gime* no cotovelo esquerdo do *uke*, e retira o *jo*.

3. TACHI-DORI

Desarmar espadas baseia-se nos mesmos princípios das outras formas de desarmamento: movimentos precisos, distância apropriada e sincronização perfeita. No caso da espada, sempre trate-a como se fosse uma verdadeira lâmina, por isso tenha cuidado.

Tachi-dori (irimi-nage)

①-② Quando o *uke* avança para atacar com *shomen* com sua espada, o *tori* entra com seu pé esquerdo no lado direito do *uke* enquanto aplica um *atemi* com a mão esquerda.

③-⑥ O *tori* segura o cabo da espada com a mão direita e o colarinho do *uke* com a mão esquerda, em seguida levanta seu braço direito com um movimento circular como se fosse atingir o rosto do *uke*, enquanto avança cortando para baixo, para finalizar o arremesso e tomar a espada do *uke*.

Tachi-dori (shiho-nage)

①-② Quando o *uke* avança para atacar com *shomen* com sua espada, o *tori* entra com seu pé direito no lado esquerdo do *uke* enquanto aplica um *atemi* com a mão direita.

③-⑥ O *tori* abre para a direita enquanto segura o cabo da espada com a mão direita e usa sua mão esquerda para conduzir a espada para cima enquanto avança com o pé esquerdo, gira sobre ambos os pés, corta para baixo para finalizar o arremesso e toma a espada do *uke*.

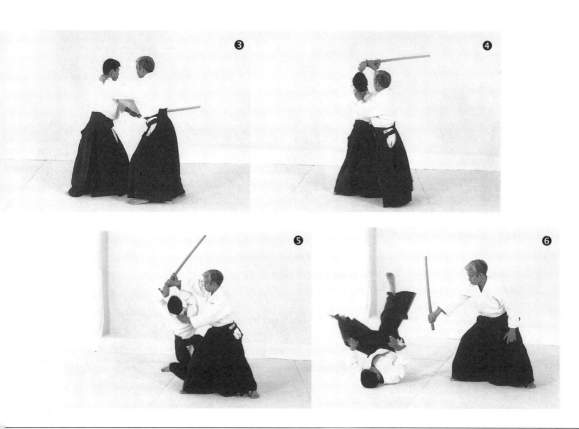

189

Tachi-dori (kote-gaeshi)

①-② Quando o *uke* avança para golpear com *shomen* com sua espada, o *tori* avança para a frente levemente com seu pé esquerdo no lado direito do *uke* enquanto aplica um *atemi* com a mão esquerda.

③-⑤ O *tori* gira sobre o pé direito, conduzindo o *uke* à sua frente; em seguida dá um passo para trás e aplica a chave de *kote-gaeshi* no pulso do *uke*.

⑥-⑦ O *tori* leva o *uke* ao chão com o rosto para baixo, imobiliza o ombro e o pulso direito do *uke* e retira dele a espada.

Tachi-dori (hiji-gime)

①-② Quando o *uke* avança para golpear com *shomen* com sua espada, o *tori* entra com seu pé esquerdo no lado direito do *uke*, enquanto aplica um *atemi* com a mão esquerda.

③-⑤ O *tori* segura firmemente a mão e o pulso direito do *uke* e faz uma meia-volta, aplicando a chave de *hiji-gime* no cotovelo direito do *uke*, levando-o ao chão. O *tori* retira a espada em poder do *uke*.

Tachi-dori Kokyu-nage (I)

①-② Quando o *uke* avança para golpear com *shomen* com sua espada, o *tori* avança com seu pé direito no lado esquerdo do *uke*, enquanto aplica um *atemi* com a mão direita.

③-⑤ O *tori* gira sobre o seu pé direito enquanto segura o cabo da espada com a mão direita, dá um passo para a frente enquanto corta para baixo para finalizar o *kokyu-nage* e toma a espada do *uke*.

Tachi-dori Kokyu-nage (II)

①-② Quando o *uke* avança para golpear com *shomen* com sua espada, o *tori* avança com seu pé direito no lado esquerdo do *uke*, enquanto aplica um *atemi* com a mão direita.

③-⑤ O *tori* gira sobre o seu pé direito enquanto segura o cabo da espada com a mão esquerda e coloca o seu braço direito sob os braços do *uke*; o *tori* então corta para baixo para finalizar o *kokyu-nage* e toma a espada do *uke*.

Da Técnica Básica para a Técnica Avançada e para as Variações

Morote-dori shiho-nage (II)

Morote-dori shiho-nage (III)

Futari-dori (shiho-nage)

De *Morote-dori shiho-nage* (duas variações) para *Futari-dori (shiho-nage)*

Ao combinar dois tipos de movimento circular, é possível aplicar a técnica de *shiho-nage* mesmo quando se é atacado por mais de um oponente.

CAPÍTULO CINCO

Múltiplos Atacantes

1. *FUTARI-DORI*

O propósito de ser segurado por mais de um atacante é desenvolver movimentos estáveis e equilibrados e aperfeiçoar o poder de respiração. É essencial mover ambos os atacantes ao mesmo tempo.

Futari-dori (kokyu-ho)

①-④ Quando ambos os pulsos do *tori* são segurados pelos dois *uke*, ele levanta seus *tegataná* enquanto dá um passo à frente com o pé esquerdo.

⑤-⑨ O *tori* gira sobre o seu pé esquerdo enquanto gira os *uke* com seus *tegataná*, tirando o equilíbrio de ambos; o *tori* então corta para baixo com ambos os *tegataná* para finalizar o arremesso.

Futari-dori (shiho-nage)

①-⑤ Quando ambos os pulsos do *tori* são segurados pelos dois *uke*, ele segura seus pulsos enquanto gira sobre o seu pé direito, conduzindo-os à sua frente com um movimento circular, travando seus braços.

⑥-⑨ O *tori* dá um passo largo à frente com seu pé esquerdo enquanto levanta seus *tegataná*, gira sobre ambos os pés e corta para baixo para finalizar o *shiho-nage*.

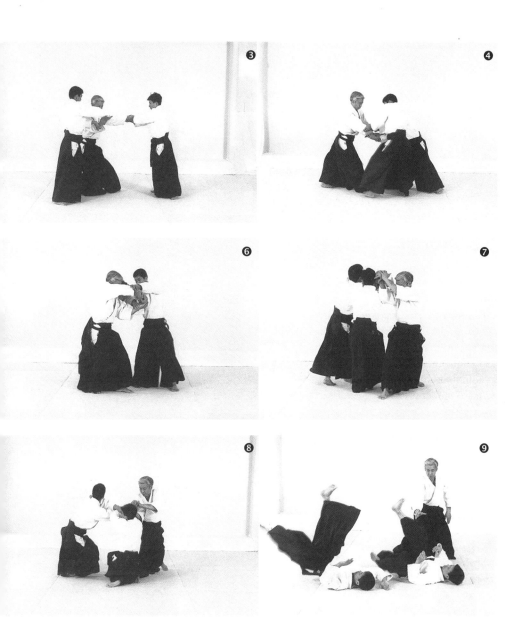

199

Futari-dori (dai-nikyo)

①-③ Quando ambos os pulsos do *tori* são segurados pelos dois *uke*, o *tori* levanta seus *tegataná*.

④-⑥ O *tori* dá um passo para trás com o pé direito enquanto corta para baixo com seus *tegataná*, dá um passo para trás com o pé esquerdo enquanto levanta seus *tegataná*, e aplica a imobilização de *nikyo* nos pulsos dos *uke* para imobilizá-los.

Futari-dori (kokyu-nage)

①-④ Os *uke* seguram ambos os pulsos do *tori*.

⑤-⑧ O *tori* levanta seus *tegataná* enquanto dá um passo largo para a frente com o pé direito e corta para baixo para finalizar o *kokyu-nage*.

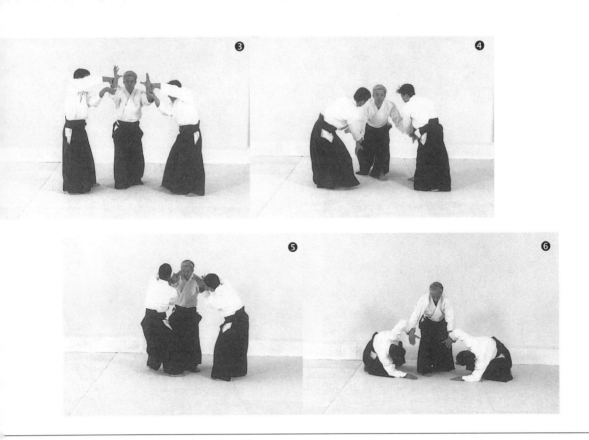
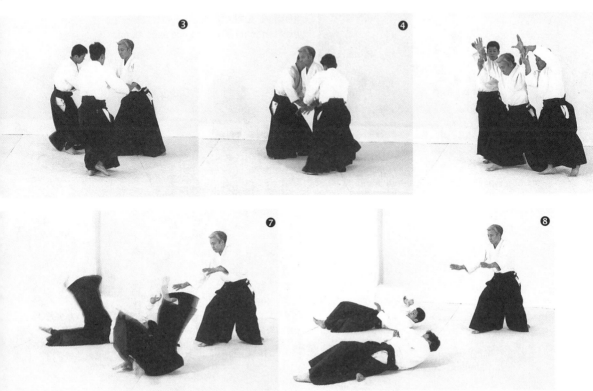

201

A ORIGEM E O DESENVOLVIMENTO DO AIKIDO

Treinamento Liderado pelos Três Doshu de Aikido

Morihei Ueshiba, o Fundador e o Primeiro Doshu: "Sempre treine de maneira vibrante e alegre."

Kisshomaru Ueshiba, o Segundo Doshu, explicando uma técnica aos seus alunos.

Moriteru Ueshiba, o Terceiro Doshu, dando instruções técnicas.

A VIDA DE MORIHEI UESHIBA, FUNDADOR DO AIKIDO

Morihei Ueshiba, o Fundador do Aikido que dedicou sua vida para pôr em prática o Caminho da Harmonia como um caminho espiritual, nasceu em 14 de dezembro de 1883, na cidade de Tanabe, Prefeitura de Wakayama. Ele foi a quarta criança, e primeiro filho, de Yoroku e Yuki Ueshiba. Durante sua gravidez, Yuki, mãe de Morihei, teve vários sonhos visionários, e após seu nascimento, foi dito de Morihei: "Esta criança foi um presente dos deuses de Kumano." O próprio Morihei freqüentemente dizia: "Eu sempre serei um filho de Kumano." Desde sua remota infância, Morihei sempre acreditou profundamente em coisas espirituais e demonstrava ter uma extraordinária sensibilidade.

Em 1902, Morihei foi a Tóquio para buscar fortuna como mercador. Depois de trabalhar para seus parentes por algum tempo, abriu seu próprio negócio no ramo de artigos para escritório, chamado Ueshiba Shokai. No entanto, adoeceu no ano seguinte, deixando seu negócio para ser gerenciado por seus funcionários, e voltou à sua cidade natal.

O Fundador do Aikido, Morihei Ueshiba

Durante esse breve período em Tóquio, Morihei praticou a arte marcial Tenshin Shin'yo Ryu no *dojo* de Tokusaboru Tozawa. Morihei mais tarde diria que praticara somente por pouco tempo naquele local, no máximo por um ou dois meses, mas esse foi seu primeiro contato com as artes marciais clássicas do Japão, o que o marcou para toda a vida.

Em 1903, após sua recuperação, Morihei se alistou no 37º Regimento Militar, com base na cidade de Osaka. Logo que chegou, Morihei atraiu a atenção de seus oficiais graduados, devido à sua extraordinária força e perseverança. Além de seu aprendizado militar, Morihei estudava, nos dias de folga, diferentes artes marciais clássicas com uma variedade de mestres, também continuando com suas práticas religiosas. Em alguma ocasião dentro desse período, Morihei se inscreveu no *dojo* de Masakatsu Nakai.

Nakai foi um dos servos do último shogun Tokugawa, Yoshinobu, e um membro do Exército Legalista. Depois da queda do regime do shogunato, Nakai se fixou na cidade de Sakai, próxima a Osaka, e abriu um *dojo*, que logo ganhou excelente reputação. Ele também serviu como instrutor de artes marciais na escola gina-

Masakatsu Nakai do Yagyu Ryu Jujutsu

sial local. Nakai faleceu em 1919. Foi no *dojo* de Nakai que Morihei recebeu sua primeira instrução sistemática nas artes marciais clássicas — técnicas corporais, espada, bastão, lutas com lanças e até em combate com armaduras, como antigamente no Japão. Morihei continuou seus estudos com Nakai até mesmo depois dele se aposentar no exército em 1906, e a ele foi concedido o título de instrutor pela escola de Nakai, a Yagyu Ryu Goto Ha, assinado pelo Grande Mestre Masanosuke Tsuboi, em 1908.

Depois de sua dispensa, Morihei retornou à sua casa, na fazenda. O Japão estava sofrendo gigantescas mudanças nessa época, e Morihei, sob a influência benéfica do excêntrico erudito Kumagusu Minakata, se envolveu em vários movimentos de protestos contra a política irresponsável do governo e a destruição do meio ambiente. Internamente, Morihei parecia irrequieto e em conflito, de modo que seu pai Yoroku construiu um *dojo* na propriedade da família e convidou o famoso artista marcial Kiyoshi Takaki para ensinar judo no local, com esperanças de que canalizaria as energias conturbadas de Morihei para um uso produtivo.

Em 1912, Morihei liderou a ida de um grupo de 54 famílias de Tanabe até uma propriedade rural na ilha remota de Hokkaido. O grupo acampou em Shirataki e começou sua vida como pioneiros. Em fevereiro de 1915, Morihei se encontrou com o lendário Sokaku Takeda, Grande Mestre do Daito Ryu Jujutsu, em um hotel de estilo japonês no distrito de Engaru em Kitami. Em março de 1913, Morihei recebeu uma licença de primeira classe de Sokaku Takeda, apesar de seu treinamento ser intermitente devido a suas grandes responsabilidades como líder do acampamento de Shirataki. Naqueles dias, no entanto, cada sessão de treinamento era levada muito a sério. O sentimento predominante entre os artistas marciais mais antigos como Sokaku era: "Se seu inimigo corta seu braço direito fora, apanhe sua espada com sua mão esquerda e vá atrás dele." Mesmo as instruções sendo extremamente severas, Morihei conseguiu um progresso notável. Morihei sempre respeitou Sokaku como sendo a pessoa que abriu seus olhos para o verdadeiro sentido de uma arte marcial.

Morihei buscava mais do que técnicas letais ou vitória a qualquer custo; ele buscava algo mais

Vista do acampamento de Shirataki em Hokkaido, c. de 1913.

profundo e mais humano. O desejo de Morihei de progredir de uma simples técnica para um caminho espiritual nesse momento de sua vida marcou o início do desenvolvimento do Aikido.

Em novembro de 1919, Morihei recebeu um telegrama informando que seu pai Yoroku estava em seu leito de morte. Ele imediatamente cedeu todas as suas propriedades para seu professor Sokaku e partiu de Hokkaido de uma vez por todas. No trem que o levava de volta para Tanabe, Morihei ouviu alguns passageiros comentarem sobre um líder religioso e professor da Omoto-kyo que tinha a fama de curandeiro. Morihei rapidamente fez um desvio em Ayabe, próximo a Kyoto, para visitar o curandeiro, um místico chamado Onisaburo Deguchi, e pedir a ele para orar por seu pai Yoroku.

Morihei foi imediatamente envolvido pelo carisma de Onisaburo, e mudou-se para o complexo da Omoto-kyo com sua família no ano seguinte. Quando ele chegou ao quartel general da Omoto-kyo, Onisaburo disse a ele: "A melhor prática religiosa para voce é a arte marcial. Seguir o Caminho da Virtude Marcial é o seu chamado celestial. Persevere nesse caminho e você será capaz de agir livremente nos reinos divinos, manifestos e ocultos deste grande universo. As artes marciais antigas como o Dayto Ryu são boas, mas não são veículos para unir o céu e a humanidade. O verdadeiro sentido de "marcial" é impedir o combate: uma verdadeira arte marcial é um caminho para o amor e a bondade. Chame seu estilo de 'Ueshiba Ryu'. As divindades Omoto-kyo o ajudarão, e você certamente obterá sucesso."

Onisaburo encarregou Morihei de uma missão, e um *dojo* foi edificado na propriedade da Omoto-kyo. Isso marcou formalmente o início da carreira de Morihei como instrutor de arte marcial. Por volta de 1922, Morihei começou a chamar sua arte de "Aiki Bujutsu", sendo que *aiki* significaria "harmonia entre si próprio e os outros".

Em 1924, Morihei acompanhou Onisaburo na "Grande Aventura da Mongólia", uma busca religiosa na selvagem Mongólia. Morihei teve vários encontros face a face com a morte durante essa jornada, e retornou a Ayabe como um novo homem. Mais tarde nesse mesmo ano, Morihei enfrentou um espadachim da Academia Naval. Durante esse encontro, Morihei percebia de onde vinha cada um dos ataques como um facho de luz, e assim se tornava fácil evitar cada corte e investida que seu oponente fazia. Após a desistência do espadachim, completamente derrotado, Morihei teve uma experiência mística que o iluminou. Ele se sentiu abraçado por uma luz dourada, descendo do céu e subindo da terra. Morihei sentiu-se transformado num ser iluminado, sentia-se um só com o Universo.

Morihei falava dessa experiência como sendo a de uma luz dourada: "Eu estava iluminado por inteiro, eu não precisava mais de vitória. Eu senti o amor que envolve todas as coisas, o amor que dá vida a tudo. Pela primeira vez, eu via a união entre o meu próprio espírito, coração, corpo e os outros e como usar essa arte para criar um mundo novo. A verdadeira vitória é a vitória sobre si mesmo. Vencer sem lutar – essa é a verdadeira vitória, uma vitória sobre si mesmo, uma vitória instantânea e sutil, um triunfo do espírito em harmonia com si mesmo e os outros, a humanidade e o divino, em união com o universo, e uma vitória baseada no amor ilimitado. Em outras palavras, eu transcendi o domínio individual de vencer ou perder e atingi a mais alta vitória do Takemussu (Vida Criativa e Valorosa). Esse é o nível que todos devemos buscar atingir no caminho das artes marciais."

Esse espírito é a característica especial e a essência do Aikido.

A ORGANIZAÇÃO E O DESENVOLVIMENTO DO AIKIDO

Em 1927, Morihei foi convidado pelo influente almirante Isamu Takeshita para morar e ensinar em Tóquio, e a base onde Morihei servia mudou-se para a capital da nação. Em 1931, foi construído o Kobukan Dojo, situado na seção Wakamatsu da cidade. A Fundação Kobukai recebeu aprovação oficial do governo em 1940. O almirante Takeshita foi o primeiro presidente. Naqueles dias, ser membro era limitado às pessoas que tinham um patrocinador que fosse oficial, por isso, a primeira geração de alunos era formada na sua maioria por oficiais de alta patente, artistas marciais experientes, aristocratas, comerciantes ricos e por aqueles com conexões com a Omoto-kyo.

Morihei sempre foi preocupado com o mau uso das técnicas, e era relutante em ensinar Aiki Bujutsu ao público em geral. Ele até recusou-se a ensinar recrutas da Academia Nacional de Polícia. Durante os anos da guerra, Morihei passou a responsabilidade do Dojo de Tóquio a seu filho, Kisshomaru, e se instalou em Iwama, prefeitura de Ibaraki, onde trabalhou como agricultor e supervisionou a construção do Santuário Aiki. Morihei continuou a viajar, indo inclusive à China e à Mandchúria.

Em 1942, o nome "Aikido" foi formalmente adotado para a arte de Morihei, e seu filho Kisshomaru foi apontado como Instrutor Chefe do Dojo de Tóquio. Morihei disse a Kisshomaru: "Eu encarrego você de promover o Aikido na sociedade; quero dedicar o restante de minha vida a um treinamento mais profundo." Sendo assim, Kisshomaru se tornou o responsável pelos aspectos organizacionais e promocionais do Aikido. Morihei suspendeu suas aulas em Tóquio e passava seu tempo refinando sua técnica e polindo seu espírito.

Após a guerra, a Fundação Kobukai foi desmontada e uma nova fundação chamada de Aikikai foi estabelecida em 1947. A fundação recebeu aprovação formal do governo em 1948, e

Morihei, no Kobukan Dojo, sendo atacado por oito alunos simultaneamente, c. de 1931-1932.

Kisshomaru Ueshiba (à esquerda) com o antigo lutador de sumô Tenryu (à direita) – foto de c. de 1937.

Placa do "Kobukan" – a escrita foi feita pelo espiritualista Akira Goto para a abertura do Dojo de Tóquio em 1931.

Vista das instalações de Iwama com o Santuário Aiki à esquerda e o Aiki Dojo à direita.

Kisshomaru Ueshiba, então com 35 anos, sentado ao lado da placa "Aikido Sohonbu Ueshiba Dojo", c. de 1956

Morihei com 73 anos de idade, na primeira demonstração pública de Aikido, exibida no telhado da Loja de Departamentos Takashimaya em setembro de 1956.

Primeira Demonstração de Aikido do Japão, patrocinada pelo Aikikai em 1960. Essa foto de Morihei se apresentando deve ser da Demonstração de 1963 em Hibiya.

Kisshomaru Ueshiba (no centro) na recepção que celebrou sua indicação como Segundo Doshu do Aikido, em 14 de junho de 1970.

ainda hoje é a única fundação relacionada com o Aikido com reconhecimento nacional.

Como conseqüência da grande derrota do Japão na guerra, a sociedade japonesa estava caótica, e Kisshomaru sentiu a necessidade de promover o Aikido como um antídoto para os males que afligiam sua nação. Por volta de 1954, alunos do Dojo Central começaram a fundar *dojo* de Aikido em suas cidades de origem, locais de trabalho, escolas, e assim por diante. Subdivisões foram instaladas nas prefeituras por todo o país, e muitas universidades e empresas organizaram clubes de Aikido. Como resultado, o aumento dos praticantes de Aikido foi gigantesco.

Por volta da metade dos anos de 1950, as exibições de Aikido foram organizadas em várias partes do país e a primeira exibição patrocinada pelo Aikikai e aberta ao público em geral foi realizada em 1960. A arte misteriosa do Aikido, até então apreciada somente por uns poucos, começou a ganhar maior reconhecimento. Essa Demonstração Japonesa do Aikikai tem sido um evento anual desde aquela época, e hoje em dia abriga mais de 5.000 participantes.

A partir de 1961, universidades e associações de Aikido para Defesa Pessoal foram formadas em diversas partes do país. Em 1968, uma estrutura de concreto de três andares substituiu o antigo *dojo* de madeira em Tóquio e se tornou o novo Quartel-General do Aikido. Uma escola de Aikido foi fundada e recebeu uma certificação do governo de Tóquio, indicação que reconheceu o valor educacional do Aikido.

O Fundador Morihei veio a falecer no dia 26 de abril de 1969, com 86 anos de idade. Sua visão do Aikido como um Caminho para a Paz e a Harmonia seria apreciada tanto no Japão como fora do país, e Morihei havia recebido muitas homenagens do governo japonês durante sua vida e postumamente. Em seguida ao falecimento de Morihei, Kisshomaru foi apontado como Segundo Doshu do Aikido, e continuou seu incansável esforço para promover o Aikido em seu país e pelo mundo afora.

Kisshomaru Ueshiba fazendo um discurso de boas-vindas na Primeira Convenção Internacional de Aikido, em outubro de 1976.

Kisshomaru Ueshiba sendo presenteado com um doutorado honorário na Universidade de Tecnologia de Valência na Espanha, em 6 de novembro de 1992.

Em novembro de 1975, houve um encontro em Madri, na Espanha, para a fundação de uma associação internacional de Aikido. Os membros presentes reafirmaram que o Aikido possuía uma filosofia sem igual, e que o fundador e a inspiração primordial do Aikido é Morihei Ueshiba. Também foi decidido que Kisshomaru deveria ser o presidente perpétuo de tal organização. Em 1976, a Internacional Aikido Federation (IAF) foi formalmente fundada. Em seu primeiro encontro em Tóquio, cerca de 400 representantes de vinte e nove países compareceram. Nesse mesmo ano, a Associação Japonesa de Aikido também foi fundada, fazendo de 1976 um ano muito significativo para o desenvolvimento do Aikido, tanto no Japão como globalmente. Após a fundação da IAF, seminários internacionais foram regularmente conduzidos por todo o mundo pelos professores do Dojo Central, e muitos grupos de outros países vieram ao Japão para treinar. O Aikido estava começando a se projetar internacionalmente.

Em 1984, a IAF se juntou à GAISF (General Association of International Sports Federations), a segunda maior federação esportiva depois do IOC (International Olimpic Committee). A IAF é a única organização de Aikido que faz parte da GAISF.

Em 1986, Moriteru Ueshiba foi indicado Mestre do Quartel-General Mundial do Aikido. Moriteru enfatiza os aspectos técnicos e espirituais do Aikido em seus ensinamentos. Ele foi indicado presidente da Fundação Aikikai em 1996.

Assim como seu pai Morihei, Kisshomaru recebeu vários prêmios de prestígio e medalhas do governo japonês e da Casa Imperial. Kisshomaru faleceu no dia 4 de janeiro de 1999, com a idade de 77 anos. Postumamente, Kisshomaru recebeu uma homenagem especial do Primeiro-Ministro, em reconhecimento pelos seus esforços para promover o Aikido durante toda sua vida. Logo após a morte de seu pai, Moriteru assumiu o título de Terceiro Doshu do Aikido e também o de presidente perpétuo da IAF.

A população do Aikido continua a crescer. Atualmente, no Japão existem mais de 800 *dojo* de Aikido oficialmente abertos, cerca de 300 empresas e clubes governamentais, 113 clubes universitários afiliados a associações estudantis, 150 clubes de universidades e colégios independentes e 50 *dojo* sob a proteção das Forças Armadas. Nos outros países, existem 44 países-membros da IAF e *dojo* de Aikido em mais de 70 países. Instrutores da Fundação Aikikai visitam regularmente mais de 30 países. O total da população mundial de Aikido soma aproximadamente 1,5 milhão de pessoas.